价值·公共价值·核心价值

社会主义核心价值观视点

胡敏中 著

山西出版传媒集团
山西人民出版社

图书在版编目（CIP）数据

价值·公共价值·核心价值：社会主义核心价值观视点／胡敏中著.--太原：山西人民出版社，2016.7
ISBN 978-7-203-09620-7

Ⅰ.①价… Ⅱ.①胡… Ⅲ.①社会主义建设—价值论—研究—中国 Ⅳ.①D616

中国版本图书馆CIP数据核字（2016）第146000号

价值·公共价值·核心价值：社会主义核心价值观视点

著　　者：胡敏中
责任编辑：贾　娟
装帧设计：陈　婷

出 版 者：山西出版传媒集团·山西人民出版社
地　　址：太原市建设南路21号
邮　　编：030012
发行营销：0351-4922220　4955996　4956039　4922127（传真）
天猫官网：http://sxrmcbs.tmall.com　电话：0351-4922159
E-mail：sxskcb@163.com　发行部
　　　　sxskcb@126.com　总编室
网　　址：www.sxskcb.com

经 销 者：山西出版传媒集团·山西人民出版社
承 印 厂：山西臣功印刷包装有限公司

开　　本：787mm×1092mm　1/16
印　　张：16.75
字　　数：200千字
印　　数：1-2000册
版　　次：2016年7月 第1版
印　　次：2016年7月 第1次印刷
书　　号：ISBN 978-7-203-09620-7
定　　价：36.00元

目　录

引　言

随着人类社会的发展,特别是进入21世纪以来,各国家、各民族的联系和交往日益紧密,其规模也不断扩大,这充分说明各国家与各民族的共同利益和共同发展目标在不断发现以及生成,人类共同体和地球村正在不断形成,这为和谐世界的构建提供了现实基础和历史机遇。另一方面,我们也应清楚地看到,在当今世界和人类社会,各种矛盾和冲突交织在一起,各种利益格局和价值体系相互缠绕,甚至引起地区的武装冲突。但总的说来,和谐、和平和有序是主导方面,冲突是次要方面,并且就发展趋势看,和平、创新与发展,合作、交流与对话是各国家、各民族发展的共同主题和目标。

中国的发展特别是改革开放以来的历史发展充分体现了人类社会发展的这一趋势,同时又体现了中国的特有内涵和特色。随着改革开放的不断深入和社会主义市场经济体制的不断完善,中国和谐社会的格局已基本形成,但又出现了许多新情况、新问题和新矛盾,这些新情况、新问题和新矛盾有时还表现得比较尖锐。正是在中国发展的这一新的历史机遇期和战略期,党中央提出培育和践行社会主义核心价值观,建设社会主义核心价值体系的英明决策,为中国改革开放的发展,特别是思想文化的发展指明了方向。

社会主义核心价值观具有导向性和现实操作性，具有丰富的社会主义意识形态内涵，作为党中央提出的决策和意识形态命题，我们要从学理上给予论证，使之不仅建立在现实的层面上，而且建立在科学的学理层面上。因此，应该从价值及公共价值的层面来论证社会主义核心价值观的培育和践行，把社会主义核心价值放置在整个价值体系中进行论述，说明社会主义核心价值符合一般价值的本质特征，但又要说明社会主义核心价值不是价值一般或一般价值，而是核心价值，它的本质特征和功能在社会主义价值体系中占主导和支配地位。从思路历程和论述路径说，先从价值一般，经过核心价值，最后落脚在社会主义核心价值和核心价值观的论述上，这既是一个从一般到特殊的辩证过程，也是一个思维的不断上升和丰富的辩证过程。

价值是个复杂的范畴，也是内涵极为丰富的概念，但价值总可归结为两大方面或层面，即实体形态的价值和观念形态的价值。因此，在论述公共价值和社会主义核心价值时，也总是从价值的这两大层面进行的，即总是围绕着实体价值和观念价值来论述一般价值和社会主义核心价值体系的，这样更能体现出论说的层次性，也更突出论说的中心。

从研究和叙述方法看，整个论述贯穿着从价值一般到价值特殊，其内涵却是一个不断丰富的思维过程。从具体的研究方法看，采取了分析方法、比较方法和调研方法等。分析方法就是通过理论分析，把社会主义核心价值观置于广阔的现实基础和理论基础上，为社会主义核心价值观引领社会思潮提供坚实的现实基础和理论支持。比较方法就是结合和借鉴国外的公共理论，比较社会主义核心价值观同这些公共理论的异同。比较社会主义核心价值观同国内外各种社会思潮的异同。调研方法就是为了用社会主义核心价值观引领社会思潮，首先要调查国内各种社会思潮，调查广大民众价值观的各种情况，在此基础上，才能有针对性地研究用社会主义核心价值观引领社会思潮的具体途径和方法。

其研究的目的就在于用社会主义核心价值观引领社会思潮，统一人民的思想认识。因此，此论题具有一定的理论意义和现实意义。到目前为止，我国价值论研究面临着新的切入点和突破口，就是说，要推动价值论研究，必须寻找新问题和新课题。从当代中国现实出发，研究建设社会主义核心价值体系、培育和践行社会主义核心价值观，无疑是深化我国价值论研究的一种有效路径，对于推动我国价值论和评价论研究的发展无疑具有理论意义，也是推动当代马克思主义中国化和大众化的有效尝试。研究用社会主义核心价值观引领社会思潮，不仅是当代中国马克思主义价值论研究的要求，而且也是推动当代马克思主义中国化和大众化的有效尝试。

同时，研究本论题是培育和践行社会主义核心价值观，建设社会主义核心价值体系，构建社会主义和谐社会的需要；是巩固和发展社会主义意识形态的核心地位和主导作用的需要；是用社会主义核心价值观统一人民思想认识的需要。

社会主义核心价值是个内涵非常丰富的体系：它包括哪些内容，它同一般价值、其他社会形态的核心价值有何异同，特别是如何培育和践行社会主义核心价值观等问题，都是非常重要的，这些问题都可以进行专项研究。本研究只是从公共价值入手，以价值的实体形态和观念形态为两翼来论述如何培育和践行社会主义核心价值观，建设社会主义核心价值体系。其他问题留给今后再作进一步的思考和探索，并作专门的论述。

第一章　价值和价值体系

我国20多年来的价值论研究，是在对传统马克思主义哲学体系进行反思并借鉴吸收现代西方价值哲学的基础上，所开辟的马克思主义哲学研究的新领域。价值论的研究主要集中在价值本体论、价值评价论这两大主题，而对价值本体论的研究又集中在价值是什么或什么是价值等问题上；就价值评价论研究成果来说，学者们提出了价值评价标准、评价层次和评价方式等重要论题。

一、价值

对于什么是价值，我国学术界提出了价值关系说、实体说、属性说、系统说和功能说，其中主客体关系说、实体说和属性说有较大影响和具有代表性意义。价值关系说认为，价值不是实体，也不是事物本身所固有的属性，而属于关系范畴。广义的关系说认为价值是事物（包括人）相对于人或事物而言的。狭义的关系说认为价值是对象或客体相对于人而言的，这种关系说也即是主客体价值关系说。价值实体说把价值理解为实体，认为价值就是事物（包括人在内）本身具有不依赖于外在条件的内在价值，或者说事物的价值完全取决于这一事物的内在本质。属性说认为价值是客体本身所固有的性质或属性，属性说和实体说是相通的。系统说认为，价值就是系统（主体）与环境（客体）相互作用所产生的状态。系统价值论还认为，主体是系统，但不是唯一的系统，所有自组织包括一切有机体和生命都是系统，所以都是价值，系统哲学价值论也被称为广义价值论。功能说认为价值是主体与客体之间相互作用所产生的功效和影响①。

1.价值的含义

虽然价值的含义有不同的表述和定义，但其精神实质则是基本一致的，这就是，价值总是同作为主体的人联系在一起的，远离人，或是没有打上人的烙印，不被人所知晓的存在物，是没有现实价值可言的。另外，存在物之所以有价值，是因为存在物或多或少，或直接或间接，或形而上或形而下地能满足主体的现实需要和愿望追求。

内在尺度和外在尺度的统一　可以说，价值总是依附在存在物或实体上的，同时又要同主体发生关系。价值就是客体属性和主体需要之间的意义和效用关系，也就是客体对主体的意义和效用，具体说来，价值就是主体在满足需要和获取利益，在表达和实现愿望的过程中，所体现和表征出的客体和主体之间的意义与效用关系。因此，价值往往是主体用自身的尺度去认识、观照、衡量和评价客体，从而客体在主体面前表现和显现出一定的效用和意义。我们说某物是有价值的，是指它符合主体的尺度，能满足主体

①王玉樑：《论价值哲学研究的方法论问题》，载《哲学研究》2007 年第 5 期。

的需要,从而衡量和评价它是有价值的。

马克思正是在人的生产的内在尺度和对象的外在尺度的统一下来求解价值的,马克思关于"自然界的对象性存在","人的劳动产品是人的本质的确证和人的本质的对象化存在","劳动过程和劳动产品是内在尺度和外在尺度的统一"等方面论述,为我们研究价值、定义价值提供了方法论的指导。马克思指出:"诚然,动物也生产。它为自己营造巢穴或住所,如蜜蜂、海狸、蚂蚁等。但是,动物只生产它自己或它的幼仔所直接需要的东西;动物的生产是片面的,而人的生产是全面的;动物只是在直接的肉体需要的支配下生产,而人甚至不受肉体需要的影响也进行生产,并且只有不受这种需要的影响才进行真正的生产;动物只生产自身,而人再生产整个自然界;动物的产品直接属于它的肉体,而人则自由地面对自己的产品。动物只是按照它所属的那个种的尺度和需要来构造,而人懂得按照任何一个种的尺度来进行生产,并且懂得处处都把内在的尺度运用于对象;因此,人也按照美的规律来构造。"①

马克思在这里虽然没有直接提外在尺度,只提对象,但对象是指外在于人的存在,特别是指外在的客观规律。不过,马克思所指的对象决不是纯粹的自然界,而是指人化的自然界,是指已纳入人类社会实践领域的客观对象和客观规律。因此,马克思所说的"把内在尺度运用于对象",实质指的就是人的内在尺度和对象的外在尺度的统一。这里,马克思谈人的内在尺度是同动物相比较的,在马克思看来,动物也进行生产,并且也是按照动物的一个种群的内在尺度和需要来生产(马克思把内在尺度和需要看作是同

①马克思:《1844 年经济学哲学手稿》,北京:人民出版社 2000 年版,第 57-58 页。

等涵义的概念)，但动物的内在尺度和需要只有本物种即它肉体的和本能的需要，动物的生产是本能的肉体活动，从而动物的生产是片面的，其产品也是贫乏的，只生产其肉体本身，其构造的世界是单一的、贫乏的。而人的生产与动物不同，因为人能按照“任何一个种”的内在尺度运用于对象，“任何一个种”就是多种多样的内在尺度和需要，这多种多样除了同动物相同的肉体需要外，还有社会的、文化的、精神的、交往的等许多个“种”和需要，并把这任何一个种的内在尺度和需要运用于对象进行生产，人的生产远远超越于动物的本能的肉体活动，而上升为能动的改造客观世界的实践活动，这实践活动的产品既能满足人的肉体生理的需要，更能满足社会交往的、文化的、信念信仰的和理想追求的需要。从而，人的生产是全面的、丰富的和深刻的，是按照美的规律来构造世界，按照美的规律构造的就是超越于肉体需要的社会的、文化的、精神的、交往的和审美的世界。

马克思在另外的著作中指出了价值概念是怎样产生的，“‘价值’这个普遍的概念是从人们对待满足他们需要的外界物的关系中产生的”[①]。在这里，马克思直接指出了价值概念的产生，实质上价值存在于人们的需要和满足人们需要的外界物之间的关系中，它是一个关系范畴，这同马克思的两种尺度观点是完全一致的，价值产生于人们的需要和满足这种需要的外界物之间的关系中，也就是存在于人的内在尺度和对象的外在尺度的统一中。

从价值的角度看，人的生产就是价值的生成，劳动产品就是价值产品。因为人的生产过程就是在人的需要的驱动下，人的本质力量的对象化过程，也是需要满足的过程，从而就是价值生成的

①《马克思恩格斯全集》第19卷，北京：人民出版社1963年版，第406页。

过程。劳动产品是人的需要的凝结，是人的本质的对象化存在，它表征和观照着人的需要和本质。从而，劳动产品就是价值存在物，是价值的实体存在。马克思指出："工业的历史和工业的已经生成的对象性的存在，是一本打开了的关于人的本质力量的书，是感性地摆在我们面前的人的心理学。"[①]工业生成的对象性存在就是人化的存在，是社会和历史的存在，是文化和价值的存在。从而，工业生成的对象性存在和对象性世界是文化世界和价值世界，这文化世界和价值世界既是人在内在尺度和需要的驱使下创造的，同时又是人的内在尺度和需要的达成和满足。

从马克思的两种尺度理论看，价值实质就是人的内在尺度和客观对象的外在尺度的统一，这种统一既展现为过程，也凝结为产品，从而既展现价值过程和价值关系，也凝结为价值成果和价值产品。

需要和利益的一致　人的内在尺度和需要同利益是紧密相连的，"利益这一现象总是由需要引起的，需要是产生利益范畴的自然基础和主观前提。……一定的社会生产关系是产生一定利益的社会基础"[②]。利益"就是指在一定的社会形式中由人的活动实现的满足主体需要的一定数量的客体对象"[③]。人的任何历史活动包括生产劳动都是内在尺度和外在尺度的统一，即是说，人的历史活动都是从一定的动机、目的、愿望和需要也即内在尺度出发，也可以说是从一定的利益出发，活动过程就是动机、目的、愿望和需要向外界对象折射和对象化过程，是动机、目的、愿望和需要与外界对象相互作用过程，也即内在尺度和外在尺度相统一的过程，

①马克思：《1844年经济学哲学手稿》，北京：人民出版社2000年版，第88页。
②苏宏章：《利益论》，沈阳：辽宁大学出版社1991年版，第19页。
③苏宏章：《利益论》，沈阳：辽宁大学出版社1991年版，第21页。

活动的结果是人的动机、目的、愿望和需要的物化存在,是人的动机、目的、愿望和需要的成果凝结。

人的活动动机、目的、需要和愿望又是为了利益而展开的,人的活动过程就是获取利益的过程,活动结果是利益的凝聚,也就是利益的获取。从这种意义上说,利益促使着人的动机、目的、需要和愿望的确立,反过来,利益又是人的动机、目的、需要和愿望的达成和实现,即是说,需要寻获到了与之相切合的物品,需要就得到了满足, 需要也就转变为了利益。需要是从人的主观欲求上表征着利益,而利益是从客体和物品上折射出主体的需要,因此,人的活动从需要出发也可以说是从利益出发。马克思正是从利益是需要的满足这一维度来看待人的历史活动的,马克思指出:“我们首先应当确定一切人类生存的第一个前提,也就是一切历史的第一个前提,这个前提是:人们为了能够‘创造历史’,必须能过生活。但是为了生活,首先就需要吃喝住穿以及其他一些东西。因此第一个历史活动就是生产满足这些需要的资料,即生产物质生活本身”①。在这里,马克思主要是从物质生产方面论述人的需要和利益的, 物质生活资料能满足人的吃喝住穿等物质生活需要,从而物质生活资料就成了人的物质利益。如果我们把马克思这一观点引申开来,人的历史活动包括物质生产活动、政治活动、精神活动和文化活动等,那么,人的需要和利益不仅包括物质的,也包括政治、精神和文化的,人的所有历史和社会活动领域和方面都涉及到人的需要和利益,或者都是人的需要和利益的表现。

价值同人的需要相关,而需要的满足就是利益的获取,从这一意义上说, 价值是人的内在尺度和外在尺度相统一的过程和结

---

①《马克思恩格斯选集》第 1 卷,北京:人民出版社 1995 年版,第 78-79 页。

果,也可以说,价值是人的需要和利益之所在。

关系和实体的统一 从人的对象化存在说，其对象化存在本身就内蕴着人的尺度和需要,那么这一对象化的客体相对创造和制作它的人来说,就是一个价值存在和价值事实。当然,这一价值存在又能成为其他主体认识、观照、衡量和评价的对象,并同他们构成新的价值关系。可见,价值既是一个关系范畴,也是一个实体范畴,当客体本身凝聚着主体的价值追求,并且是主体价值追求的产物时,那么这个存在就是价值存在或价值事实,这种价值存在或价值事实也就是人的利益所在,如文化就是一种价值存在或价值实体,也即主体的文化利益。当然,作为关系价值和作为实体价值又是紧密相关的,实体价值是既定的价值存在,但它同时能同主体发生价值关系。①

因此,价值既有实体的成分,也有关系的成分,只有把实体价值和关系价值联系起来,才能理解价值。说价值有实体的成分,一方面是指价值不能离开实体而存在,另一方面是指实体本质上就是价值体的存在,如在历史文化领域的存在物都凝聚着主体的价值追求,并且是主体价值追求的产物,那么这个存在物就是价值存在或价值实体。

新康德主义弗莱堡学派的主要代表文德尔班把世界分为事实世界和价值世界,事实世界是主体的表象世界,事实世界是自然科学研究的对象,所产生的自然科学的概念属于事实知识,自然科学运用普遍化的方式,寻求事实世界的“规律”、“齐一性”和“共相”。价值世界是本体世界,是主体的一种公设,价值世界是文化科学研究的对象，而文化科学则属于价值知识，文化科学只能运

①胡敏中:《价值规范与价值共识》,载《哲学动态》2007 年第 5 期。

用特殊的描述的方法把价值世界中过去的事件栩栩如生地再现在当前的观念中，一切价值知识只展现为主体估价意识和被估价对象的关系。在这里，文德尔班实质上把价值既看作是主体和对象的关系，即看作是主体的一种公设，看作是主体的情感和意志的产物，是主体估价的结果，又把价值看作是同事实世界相区别的价值世界，这价值世界虽然由主体公设而来，但它又是相对独立的价值实体世界。[①]文德尔班说："一个事件只有当它凭借它的个别意义而直接地或间接地与价值发生关系的时候，才成为历史事件。"[②]这句话明显地指出了价值既是一种关系，也是一种事实或实体。

作为关系价值和作为实体价值又是紧密相关的，实体价值是既定的价值存在，但它同时能同主体发生价值关系。因此，有些客体只能同主体发生价值关系，而有些客体既是价值实体（价值事实、价值存在物），又同主体发生价值关系。

联系价值的实体成分和关系成分来看，价值又是指主体需要和愿望的投射和凝结，即价值是主体需要和愿望的对象性或对象化存在。而价值观则是主体需要和愿望的观念形态和表达。

需要说明的是，在这里对主体的需要和愿望作了适当的区分，泛泛地说，主体的愿望也是主体的需要，但愿望同需要相比更具有精神和形上的意义，而需要更具有现实的经验和功用的性质，需要一般指当下的和现实的，而愿望一般指理想的和向往的。因此，把需要和愿望作适当的区分，在说明价值的具体形态和价值

①参见刘放桐等编著：《现代西方哲学》（上），北京：人民出版社 1990 年第 2 版，第 141−146 页。

②转引自刘放桐等编著：《现代西方哲学》（上），北京：人民出版社 1990 年第 2 版，第 148 页。

的时空维度上是有必要的。

还要注意的是,对象性和对象化存在也应作适当的区分,对象性存在是指主体同客体发生了对象性关系,并且在这种对象性关系中,客体能满足主体的需要和愿望,但客体不是主体创造出来的,不是主体劳动的结果,如野生稻和野花不是人生产和培育出来的,但能满足人充饥和审美的需要,野生稻和野花和人构成了价值关系,野生稻和野花是人的对象性存在,是作为关系价值而存在的。对象化存在是指对象和客体是主体实践的结果和产物,这实践结果和产物又同主体发生着价值关系,从而这一结果和产物就成为了主体需要和愿望的对象化存在。如生产的粮食和培育的花朵凝聚了人的动机、目的、需要和愿望,是人的本质力量的对象化,是对象化存在和价值实体的存在。粮食和花朵既能满足生产粮食和培育花朵的人的充饥和审美需要,又能满足其他人的充饥和审美需要,从而,粮食和花朵又同这些人构成了价值关系,粮食和花朵又是作为关系价值而存在的。作为对象性存在的野生稻和野花不是实体价值,而只是关系价值;生产的粮食和培育的花朵是作为对象化而存在的,它们既是实体价值,又是关系价值。可以说,凡是对象性存在只属于关系价值,凡是作为对象化存在既属于关系价值,又属于实体价值。可见,实体价值的价值含量要高于关系价值的价值含量。

价值存在于人的活动的各个领域,有人的地方就有价值,正是由于有价值的存在,人的世界才是一个人文世界,这人文世界同自然界区分开来,人文世界也就是价值世界,价值世界是由人的无数动机、目的、需要和愿望组成,从而构成了各种价值关系,这价值关系有些是相容的,有些是冲突的。价值世界还是由满足了的需要和实现了的愿望构成的, 这一价值世界是价值实体的世界,也是利益实体的世界。这价值实体和利益实体是由人创造的,同时反过来又同人构成效用和意义关系,也即价值关系。价值世界还以形上形态凝聚着人的追求、理想和信仰。所以,从范围说,价值存在人的所有活动领域;从时态上说,价值既是人们以往需要的满足和愿望的达成,也是人们当下需要和愿望的表达,同时还是人们将来需要和愿望的寄托和向往。从而,价值世界是个非常复杂的、内容极为丰富的、特性极为多样的人文世界。

总之,价值既展现为主体本质的对象性和对象化存在,又体现为这种对象性和对象化存在对主体的意义关系。价值就是主体的动机、目的、需要和愿望等主体本质的表达和达成。

2.价值的特点

价值存在于人类生活的各个领域,人类生产和生活的特征无不烙在人类所创造的价值上,社会性、属人性、文化性、物质性、精神性、层次性等都是价值的特性,这里只从总体上谈谈价值的特性。

主体和客体的统一 主体是价值生成的源头和出发点,又是价值的归宿,客体是价值的载体和基础,提供价值的内容。若没有主体,单纯的客观世界是无所谓价值的,若没有客体,单纯的主体和主观世界也是无所谓价值的。价值就是主体的动机、目的、需要和愿望指向客体,使客体达到主体的目的,满足主体的需要和实现主体的愿望所显示出的客体对主体的意义和效用,价值就是主体和客体的统一,是主观和客观的一致。价值构成了人类社会的人文世界和历史世界,人类社会区别于纯粹自然界的地方就在于价值、文化和意义,就在于属人性,但这种属人性的价值、文化和意义却是建立在客观自然界的基础之上的,正是价值、文化和意义的参与、渗透和附加,纯粹的自然界才改变了它固有的外观,打上了文化与价值的烙印,被纳入到人类社会之中,被纳入到价值世界和文化世界之中。自然界被纳入人类社会的价值世界和文化世界之中,但并没有改变它的本性,没有改变它的客观规律,改变的只是它的服务和作用对象,即自然界的本性和规律由自发的和中性的作用转变为服务和作用于人类。

价值是人的内在尺度和对象的外在尺度的统一，也可以说是主体和客体的统一,但这种统一不是处于绝对的中点,而是向主体方面倾斜和偏向的统一,因为价值是天生的主体派,是主体动机、目的和愿望的表达,是主体需要的满足和利益的获取,从而,价值总是属于主体方面的。价值源于主体所指向和作用的客观世界,并且又从客观世界获取成果返回自身。所以,价值是从主体出发最后又返回主体的主体和客体的统一,是偏向于主体的主体和客体的统一。

主体和客体的统一就是主客体的彼此消长的博弈过程，主体的力量强大,主体的作用范围就会不断扩大,而自在客体的范围就相对缩小,价值世界和文化世界的范围相应地扩大和增强。反之,主体的力量越来越小,其作用的范围也不断缩小,而自在客体就会不断侵入和吞噬人类的价值世界和文化世界,不断扩大自在客体的范围和边界,相应的,价值世界和文化世界的范围就不断缩小。

可以说,价值是主客体的统一,但不是抽象的统一,不是一成不变的统一,而是具体的历史的统一,这统一的临界点和界面是可变的。但就总体和长远看,主体和客体的统一是主体不断改造客体,不断把自在客体变为自为客体,即不断把自在客体纳入人化世界、价值世界和文化世界之内的过程,也就是价值世界和文化世界不断生成和扩展的过程。

过程和成果的统一　在说明价值的涵义时，涉及到关系价值和实体价值,这里只作些补充说明。价值是客体为满足主体所向主体呈现的意义和效用，这是从主客体的关系角度说明价值的，这一说法广为学术界所提倡,这无疑是对的,因为价值总是主体动机、目的、需要和愿望的表达和向客体的所指。人的活动特别是劳动就是价值关系的现实表达和生成过程,人的活动就是一个发现价值、表达价值、生成价值和创造价值的过程,人的活动只有面向客体,作用于客体,从客体中索取人所需要的东西,并且只有从客体中才能实现人的动机、目的和愿望,才能满足人的需要。这些都说明了价值是主客体的一种关系和统一。

价值同时又表现为成果，这就是价值的实体或实体价值。价值作为主客体所展开的效用和意义关系必定会凝结成一定的价值结果或成果,主体发现价值、表达价值、生成价值和创造价值过程的结束就会产生价值成果。价值成果作为价值实体既同关系价值相区别,又是关系价值的延伸和结果状态。价值成果渗透和凝聚着主体的动机、目的、需要和愿望,是主体动机、目的、需要和愿望的对象化存在,是价值世界的重要组成部分。价值成果从价值关系而来,以成果和实体的形式表征着主体的动机、目的、需要和愿望,同时又在新的性状和形态上表征着主体的动机、目的、需要和愿望。价值关系和价值成果就这样不断相互地生成和转化,以一级高于一级的形态不断创造和完善价值世界,不断推动价值世界的发展。

现实性和超越性的统一　价值总是建立在现实的基础上的，这主要是因为人的需要是现实的。人无论其物质需要还是精神需要总是现实的,物质需要的现实不用多说,精神需要有超现实的性质,并且可以指向未来甚至是彼岸世界,这种理想和信仰也是人的一种现实需要,即人的现实生存需要有理想和信仰,理想和信仰构成了人的需要的重要内容,是人的现实生存的重要组成部分,显然,价值具有现实性特点。

当然我们不能否定历史价值和未来价值，但历史价值和未来价值只有从现实出发,同现实相对接才能显现其历史价值和未来价值。从形态看,历史价值是指历史上存在过或延续至今或已消失的价值。我们之所以把过去了的价值称为历史价值是注入了现实考量的,即是从现实人的目的和需要,现实人的评价标准出发看待历史价值的,看历史价值对当代社会和当代人的现实生活有没有意义,有多大意义,如果历史价值能延续至今,那么更显示出它的价值,如果历史价值只局限在历史,不能延续至今,那么历史价值只局限在过去,只具有考古的意义,正如有西方史学家所说,一切历史都是现代史,一切历史都是精神史,这就是从现实价值维度来看待历史的。

未来价值是指对人的未来需要的满足，主要是人的精神寄托和向往,是人的信念和信仰。未来价值虽然是指向未来的,但这种价值是从现实出发的,现实是它的基础和起点,并且是未来的现实。另外,未来价值是人的现实需要所必需,在人的现实需要中,物质价值是最现实的,人的衣食住行都是现实所需的,并且是每天都必须满足,否则人就会死亡。人的精神需要也有现实性,人的物质生活和精神生活总是相伴相随的,不同的是,人的精神产品无须每天更换,因为满足人的精神需要后,其精神产品不会消失,反而会不断增进其价值。

所以,价值具有现实性,同现实性没有任何关联的东西不可能有价值。但价值又具有超越性,所谓价值的超越性是指价值指向未来,指引着人的未来发展和未来追求,价值具有应然性,应然性就是价值的超越性。

物质需要和物质消费是现实的需要和消费，但人的消费观念则具有应然性和现实超越性。精神需要和精神消费虽具有现实性,但更多的是具有现实超越性和应然性。未来价值指引着人的未来生活和未来追求,是人的人文呵护和形上关怀,是人的精神向往和灵魂安顿,这些既是人的现实所需要的,更是指引着人的未来发展,未来价值无疑具有超越性。

任何价值都具有应然性,应然虽然是现实中的应然,但应然毕竟是对人的现实行为的指引、导向和合理性评价,因此,应然总是具有超现实的成分,总是指向未来和指出未来的状态。从这一意义上说,所有价值都有超现实的成分,都具有一定的超现实性。

价值是现实性和超越性的统一,正由于此,价值适应的范围比较广,同一价值规范和价值标准可以适应于现在,也可以适应于将来。同一价值规范和价值标准,可以适应于国内,也可以适应于国外。

另外，价值的现实性和超越性应该是更靠近现实性的超越性和现实性的统一,从而,价值具有可操作性和可实现性。因为,人的大多数需求是现实的，即使是理想性的需求也是以现实为基础的,是现实所需要的。所以,价值是偏重于现实性的超越性与现实性的统一。如果价值不具有现实性或偏重于超越性的现实性和超越性的统一,价值会变成一种空想和空谈,不能发挥着应有的作用。

二、价值与事实

自“休谟难题”——从“是”中不能推导出“应该”——提出以后，几百年来，不少哲学家、教育家在探讨事实和价值的关系问题，从历史看，休谟、波普尔和罗尔斯等把价值看作是纯主观的东西，与客观事实无关，事实是事实，价值是价值，事实和价值是二元并立的，它们互不干涉和影响，从事实中不能推导出价值。也有人把价值看作是事物所固有的属性，看不到价值的独特性即属人性，这样实质上把价值归并在事实中，与其说这是探讨事实与价值的关系问题，还不如说是取消了价值问题。还有人如杜威试图从人的活动过程来探讨事实和价值的统一问题，也有人或从人本主义心理学如马斯洛或从惯例性事实如义务、承诺、权利和责任等方面，试图由“是”导出“应该”，寻找事实与价值的一致性和统一性。马克思主义哲学从人的实践活动出发，主张事实和价值既有区别，但更有联系，它们在实践的基础上并在实践活动中得到统一，人的对象化活动即人的本质的对象化，主体客体化和客体主体化的过程就是事实和价值相互联系、相互统一和相互渗透的过程。

1.价值以事实为基础并渗透在事实中

价值既可以以实体存在即实体价值，也可以以关系存在即关系价值，这就能基本看出价值与事实的关系了。事实是指客观存在的实际情况，即指客观的事情和情况。事实的本义在于它是不以人的价值需要和主观愿望而随意改变的客观情况，而价值总是同人的需要和愿望紧密相连的，不管是实体价值还是关系价值都是这样，从而价值和事实是有较为明显的分界的，事实是事实，价值是价值，事实不等于价值，价值也不等于事实。但事实和价值又是紧密相关的，一方面，价值离不开事实，它总是依附于事实或渗透在事实中，作为实体价值，其本身就是事实的存在，是具有价值本质内容和属性的事实存在；作为关系价值，总是要同一定的事实发生某种关系和联系，才能确认自身的存在。

2.实体、事物与事实

事实或多或少关联着价值，在这里，需要对事实和实体的同异作些分析。在西方哲学史上，实体是一个重要的哲学范畴，是指独立于人的本体存在，不管是物质实体还是精神实体都是本体的存在，因此，实体是一个本体论的范畴，实体的特性就在于它独立于人的外在客观性，实体具有独立自在性、整体性、形上性，我们说到实体时，总是就其整体而言的，不能局部地就现象或部分本质去言说实体。同时，实体总是同它的属性和关系比较而存在的，实体的属性及属性与属性之间的关系，不能独立存在，从而也不能成为独立的实体，属性及属性之间的关系只有依存于实体中，才能成为实体的一部分。实体是形而上的世界本原和基础，事物是实体的具体化，它同实体的含义和属性大致相当，只不过所处的层次和地位有所不同。

事实与事物都是实体的具体表现，并且都能构成一个相对独立的事情或事件，但事物的范围比事实要广，事物是泛指一切相对独立的事情或事件，客观事物指独立于人的主观意志并不为人的主观意志为转移的客观存在，既包括自然现象的客观存在，也包括社会事件的客观存在，就自然现象说，既包括纯粹和天然的自然现象的存在，也包括人化和人工的自然现象的存在。事物还包括客观精神的存在，我们一般是在同主观精神和意识相比较而言说客观事物的，但主观精神一旦借助一定的物质材料表现出来，就相对地离开了主体的头脑，就由主观精神转化为一种客观精神，客观精神也具有客观事物的一定属性，即获得了相对独立的存在，也不以人的意志为转移，因此，客观精神也属于事物的范围。

但事实同事物有所不同，事实是指存在于社会历史领域中的事物，事实既包括比较独立和典型的社会事件，也包括存在社会生活中的各种事情，自然现象一旦溶化在社会事件中，或者成为社会事件不可分割的一部分，那么，这一自然现象也可称之为事实。事实和事物的一个明显区别就在于事实是发生在社会活动领域中的各种事情和事件，事实的发生不是自发的，总是自觉的，体现了人的动机、目的、需要和愿望，也就是说，事实总具有价值的属性或者其本身就是价值事实。即使在社会领域中发生的自然现象，也总是同人的活动紧密相关的，不再是自发的和纯粹的自然现象，成为了社会事件不可分割的组成部分，进而成为了事实。可见，事实只是事物的一部分，即存在于社会领域的事物才是事实。

事实是实体的具体表现，那么事实与实体就有相同之处，事实也具有本体论的意义，我们经常说，这是事实或这是客观事实，就是指事实是不依赖于人的主观愿望和主观意志为转移的客观存在，这是事实同实体和事物相同意义的地方。但事实主要是从社会本体论或社会生活本体论而言的，而社会存在和社会生活总是渗透着人的主观愿望和主观意志，但事实又不会随人的主观愿望和意志为转移。正由于事实的这种属社会、属人的性质，就把它同纯粹的自然实体区分开来。纯粹的自然实体一旦进入社会领域，进入科学家的认识和实验领域，就成为了一种科学事实，这一科学事实虽然也是自然实体，但它不再是纯粹的自然实体，而是成为了对象性存在的自然实体，也即同社会、同科学家发生了对象性的价值关系。至于社会和人文事实的属社会和属人的性质就不用多说了，社会和人文事实其本身就是人类实践的结果，是一种对象性和对象化的价值存在。另外，事实这一范畴既可指独立的事物，也可指事物的属性和事物之间的关系，这同哲学史上说的实体是有区别的。正由于此，在社会生活领域，事实这个术语使用的频率远远高于对实体的使用。

事实既然是指存在于社会生活和人的活动领域的客观存在和客观现象，那么，它总是同人的需要和愿望有多有少，有直接或间接的联系，也就是总是同价值联系在一起的，可以说，任何事实都是价值性的存在，只不过价值的大小、多少、直接间接等不同情况而已。从这种意义上说，事实与价值的区分不是有无价值的区分，而只是价值的不同程度和不同情况的区分。通常认为事实指的是科学事实，是独立于科学家并不以科学家的意志和愿望为转移的自然现象及自然规律，而科学家的实验等科研活动所遵循的规范主要是科学规范。而价值则体现或渗透着人的主观意志和主观愿望，人的价值活动所遵循的规范主要是价值规范，科学规范和价值规范虽然都是人的行为法则和准则，但它们的起点和路径是不同的，科学规范服从的是不以人的意志为转移的自然规律，其起点、路径和归宿都是自然的；而价值规范服从的是渗透人的主观愿望和意志的社会法则，其起点、路径和归宿都是社会和文化的。从而事实和价值是有区分的。

但我们也要看到，进入科学家科研活动领域的事实与纯粹的自在自然事物是有区别的，即进入科学家科研活动领域的事实是科学家的对象性存在，即体现或表征着社会和科学家的需要和愿望，从而成为了价值性的存在，成为已脱离纯粹自然事物的科学事实。科学事实虽然是一种价值性的存在，但它的本质特征是自然性的，即是服从着自然规律而运行的。价值也是一种事实，不管是实体价值还是关系价值都是价值事实，价值虽然是人的愿望和意志的表达或凝聚，但它服从着社会和文化的法则或准则，社会和文化的法则或准则也是客观的存在，不以任何个人的意愿和意志为转移。

事实包括科学事实和价值事实，科学事实主要是自然科学研究的对象，科学事实服从的是自然规律，但已成为了社会和科学家的对象性和价值性的存在，在一定程度上包含着价值成分。价值事实是社会和人文的存在事实，它主要是社会和人文科学研究的对象，价值事实其本身就是人的对象性和对象化或价值关系和价值实体的存在，它所包含的价值内容或成分远远多于、大于、高于科学事实。

三、价值与文化

价值和事实是不可分离地联系在一起的，价值和文化更是难舍难分地联系在一起，以至于一说到价值就是说到文化，一说到文化就是说到价值，有时价值与文化这两个词往往同时使用，如价值文化、文化价值、价值与文化、文化与价值等等。可以说，凡是价值的领域，同时也是文化的领域，反之亦然。这主要是因为价值和文化都存在于社会历史领域，并同人的存在和活动紧密相依，离开了人类社会和人的活动，就不可能有价值，也不可能有文化。

1.价值和文化的相互渗透

价值和文化都是人的需要、情感和愿望的表征、表达和凝聚，都是人的需要、情感和愿望的对象性和对象化存在。狭义地说，价值和价值观是有区别的，价值观是对价值的反映、建构和积淀。广义地说，价值观可以包含在价值中，因为，一方面，价值观是价值的观念形态，另一方面，任何价值总是渗透、凝聚着特定的价值观。因此，有时我们说到价值时，就包含着价值和价值观这两方面内容。如果这样广义地理解价值，那么，价值和文化的关系就更加密切了，广义的文化是指人类或特定的民族所创造的一切文化形态，包括物质文化形态、精神文化形态以及形成和积淀的特定的思维方式、生活方式、心理特征和各种民俗风情等。人们所创造和积淀的文化世界也就是价值世界，价值世界和文化世界的涵义和范围是基本相同的，都是人类、民族或人群的需要的满足，愿望的实现和理想的追求，是人的需要和愿望的表征和确证，是人的利益（物质利益和精神利益）的对象性和对象化存在。

狭义的文化更接近价值观，价值观是文化的内核，表征了文化的特定类型和本质特征。文化是表征着特定民族的心理、情感、思维和价值观的思想及观点，文化是民族的精神和灵魂，是一个民族赖以存在和发展的精神支柱。特定文化反映着特定民族的需求和利益，积淀着该民族的心理、风俗、情感和思维特征，内蕴着该民族的人生取向和价值追求。可以说，特定文化就内含着一种价值观，拥有一种文化就拥有一种价值观，文化中包含有价值观，价值观也表征着一定的文化，没有价值观的文化是无力的，而没有文化的价值观则是单薄的，文化和价值观的互渗既提供了文化的核心观念，又促进了价值观的完整表现。

可以说，任何价值观都要通过具体的行为、实践、文化活动和文化形式表现出来。文化的渗透和参与，使价值观获得了充分的表现舞台。价值观不是孤零零的认知观念和评价观念，它必须渗透到人的心理、性格、情感、思维、行为和习惯之中，而这些恰好是文化的具体表现。从更广泛的范围说，人所从事的一切活动和所创造的一切都是文化的具体表现形态，也都内蕴着一定的价值观。可以说，价值观只有渗透在文化中才获得自己的表现形式，也才能作为价值观而存在，否则，价值观既不能产生，也不能表现出来。

文化的渗透和参与，使价值观获得更多的表现机会和形式，价值观的表现形式是多种多样的，有个人价值观、群体价值观、民族价值观和人类价值观之分，并且，个体与个体、群体与群体、民族与民族之间的价值观也是相异的。所有这些不同的价值观会发生相互碰撞和冲突，这不但因为各价值主体所秉承的文化有异，而且更在于各价值主体的需求与利益不同，当自然资源和社会财富有限，不能完全满足各价值主体的需求和带来同等的利益时，各价值主体便会发生相互矛盾和争斗，并相伴着价值观的冲突。

价值观是异样和多元的，多元的价值观肯定会发生碰撞和冲突，这都是一种正常现象，但价值观的冲突超出了合理的秩序和范围，则需要对各价值观进行一定的调适，使其具有更多的共性并恢复到合理的秩序。其中，文化是调适各价值观的重要方式。民族共同性是文化的一个重要特征，民族文化也就是在这个意义上说的，任何文化总是民族的，没有个人形态的文化，只有个人价值观。而不同的个人价值观又共存于民族文化之中，共同的民族文化是不同个人价值观的重要内容，这使不同的个人价值观具有民族性的共同特点。同理，各民族价值观秉承着共同的人类文化，这使各民族价值观具有人类性的共同特点。各价值观的共性是它们和睦相处的基础,也是调节各价值观相互冲突的重要手段。

同样,任何文化都内蕴着特定的价值观,政治文化内蕴着执政党的价值理念和价值追求;精英文化内蕴着主流社会或上流社会的价值主张和价值诉求;大众文化表征着人民大众的价值愿望、价值需求和价值选择;各民间和民族文化内蕴着各民族对美好生活的祝福和向往;岁时节日都表达着特定民族的赞美、喜庆和祝福,这实质都是特定价值观自觉不自觉的流露和表达,可以说,文化因内蕴着价值观而具有不同的形态和层次,也赋予文化生命和灵魂。价值和文化的相互依存最主要地表现在价值观和文化的不可分割性,在一定程度上说,价值观和文化的内涵和外延是大致相同的。

2.价值和文化的各自侧重

如果从细微方面看,价值和文化还是有一定差异的。价值既同人的物质欲求相关,也同人的精神欲求相关,而文化一般只同人的精神欲求相关,当然文化也关涉到物质世界,如建筑和文物等,称为物质文化,但物质文化不是指物质材料本身,而是指物质材料所包蕴的意义、符号和文化信息。从时间维度说,价值当然可以关涉着过去和未来,但更注重现实,价值在很大程度上是指现实价值,当然也涉及历史和未来价值。而文化总是从历史而来,并指向现实和引领未来,文化是历史的凝聚和积淀,少则十几年几十年,多则几百年上千年,不经过长期的历史积淀是称不上文化的,至多只能称为规范、规则和习惯。从空间维度说,价值既有个人价值,也有群体价值、社会价值、民族国家价值和人类价值,即价值有私域价值和公域价值或公共价值之分。而文化只能是公域的，即只有群体的、社会的、民族国家的和人类的文化，个人只有独有的习惯，而不可能有独有的文化，个人所拥有的文化总是从属于特定群体、民族国家和整个人类的。从层级说，价值既有感官、经验等形下的基础层次，也有追求、理想、愿望等形上的高层次。而文化是意义和精神性的东西，它注重的不是感官的刺激和感官需要的满足，而是精神的满足、理想的追求和愿望的达成。可以说，价值虽然能覆盖和包含着文化，但文化却是价值中的观念、精神和形上的层次。

价值观和文化的联系更为紧密，任何文化都内蕴着价值观，任何价值观总是要通过人的行为、实践活动、文化活动和文化形式表现出来。但价值观同文化相比更显得内蕴、内在、浓缩和聚敛，而文化更显得外露、外在和扩散，不同的价值观当然要通过不同的文化形式或形态来表征或表现，就是同一价值观也可以通过不同的文化形式或文化形态来表征和表现，这就可以看出，文化是价值观的表征和表现，而价值观则是文化的内核和灵魂。

四、价值体系

1.价值体系的家族成员

价值是个复杂的现象，它构成了一个相对独立的价值世界，价值本身就包含有实体、关系、观念的元素，并且同人的活动与文化相互渗透和密不可分，它的内涵和特性也极为丰富，因此，同一价值本身就是一个复杂的系统。同时，价值还以不同的方面和面目同人发生关系,就构成了不同种类的价值。价值处在不同的时间空间中,就显示出价值的不同身份和地位,所有这些都说明价值不是单一的,而是多元和多重的,这多元和多重的价值就组成了它的家族成员。

物质价值、精神文化价值和人的价值 简言之,价值是主体需要的满足和愿望的表达和实现,主体需要和愿望的不同方面,就规定了价值的不同方面或价值的种类。主体要生存和发展就要满足他的基本需要和愿望,主体有物质的需要、精神文化的需要和交往的需要,用来满足主体生理需要的物品就是物质价值;用来满足主体精神文化需要的精神文化产品就是精神文化价值。主体还有与他人交往、参与社会的需要,在主体与他人交往、参与社会的过程中,一方面满足了自己的交往需要,另一方面也满足了他人的交往需要。在人与人的交往过程中,主体双方的生活经验、生活体验与情感得到了相互的表达和交流,确证主体的存在,主体的人格、尊严、自由、权利得到了确认、肯定和提升,这就是人的本体价值。另外,主体在与他人交往和参与社会的过程中,主体能从他人和社会那里得到自身需要的满足和愿望的实现,同时主体的实践和劳作也服务于他人和社会,并在服务于他人和社会中,得到他人和社会对主体自身的评价,这是主体的交往价值。

物质价值、精神文化价值和人的价值主要是从价值的载体和主体的需要而言,并着重于价值的现实层面而区分的,这也是价值这个家族中最主要和最基本的成员。如果我们再从时间、空间维度以及地位和作用来看价值,价值这个大家族中还有许多其他的成员。

政治价值、经济价值、文化价值、科技价值、生态价值 从价值体系的不同领域或方面看,可以把价值分为政治价值、经济价值、文化经济、科技价值和生态价值等。政治价值是指国家政治生活中的价值，具体说，是指国家的政治法律制度是否符合人们的政治诉求，是否满足人们的政治需要，是否保障人们的政治权利。政治价值还指一个国家的政治法律制度是否能保障国家政权的有效运行，是否保障社会的良好秩序。民主与法制是人类的普适政治价值，当然，不同国家的民主法律有各自的特殊性，但主权在民，政治权力的制衡则是民主法律的共同含义，也是其本质含义。

经济价值是指国家经济生活中的价值。不断提高人们的物质生活水平，要大力促进生产力的发展，生产丰富的物质产品来满足人民不断增长的物质生活需要，发展生产，提高生产力水平，这是经济价值的首要内容，也是实现经济价值的首要任务。按劳分配和人民共享物质产品，这是经济价值的又一重要内容。社会的物质生产和经济生活要以人民的需要为取向，要以人民的物质需要为出发点和归宿，以国家的富强和人民的富裕为目标，根据人民的不同需要来规划产业结构和产能。社会的物质财富要由人们共享，严防和反对两极分化，强化国家宏观调控机制和功能，逐步达到共同富裕。经济价值在社会价值体系中处于基础的地位，其他类型的价值如政治价值和文化价值等都是建立在经济价值之上的，并最终受经济价值的决定和制约，当然，其他价值对经济价值也具有反作用，能促进经济价值的实现。

文化价值是指国家的文化政策和文化环境有利于社会文化的繁荣和发展，文化产业的布局，文化产品的策划、设计和生产能满足人民的精神文化需要，能促进人的精神境界和思想觉悟的提高。文化价值既要满足人民大众的消遣性需要，也要开启人民的心智，培育健康的人格，引导理想追求。因此，国家要促进大众文化的大发展大繁荣，加速文化的产业化进程，生产丰富多彩、人民喜闻乐见的文化产品来满足人民大众日益增长的文化需要。同时也要着力扶持和促进文化事业的发展，创造出文化精品，传承、创新传统文化和现代文化，满足人民对高雅、精英文化的需要。国家的文化建设在朝大众化、产业化和高雅化、精英化发展的同时，一定要把好文明和健康关，严防黄赌毒对文化的入侵，严防封建落后文化和资产阶级腐朽文化的渗透，让国家的文化产业和文化事业健康地快速发展，提升人民的文化素养和社会的文明程度。

科技价值是指科学技术的发展要符合人类的根本利益，要促进人类社会的发展，提高人类的生活水平和生活质量，增强人民的科技意识。当今世界科学技术竞争日益激烈，因为民族、国家经济社会的发展和综合国力的提高取决于科学的发展和核心技术的掌握。事实上，科学技术的发展对一个国家的经济社会发展和综合国力的提升具有举足轻重的作用，但我们也要看到，科学技术并不是完全中立和价值无涉的，只要是人、社会和国家掌握了某项科学技术，那么，这一科学技术就赋予了价值的属性，也就是科学技术为谁服务、怎样服务的问题。在人类历史上，本应为人类带来福祉的科学技术却给人类带来了灾难的例子并非骇人听闻：核威胁、军备竞争、温室效应、各种同人为有关的天灾等等，都是科学技术被有意无意地滥用造成的。这就是说，科学技术并非总是造福于人类，科学技术具有正价值的同时，也具有潜在的负价值，当然，它的正价值要远远大于和高于负价值。我们要做的，并不因科学技术具有潜在的负价值就取消或限制科学技术的发展，相反，要大力发展科学技术，发挥科学技术正价值的作用，尽量杜绝科学技术人为的负价值，预防它的潜在危险，使科学技术的发明创造真正成为人类的福祉和幸福的盛宴。

生态价值是指人民生活的生态环境和自然环境是友好的和优

美的，有利于人民健康和优质的生活。人与自然的和谐即自然给人提供充沛的资源，生态给人提供优质、优良的养分，而人在向自然索取的同时，要保护好自然，要考虑自然界的再生能力和承载能力，破坏生态和自然实质上是加害于人自己，因为人类每一次破坏自然，自然都不打折扣地报复了人类，因此，善待自然、优待自然和保护自然其实是保护人类自己免受自然之灾。

当今社会，由于生产力的飞速发展，人类向自然索取的速度远远超过了自然的再生能力，自然资源和生态环境严重透支，使自然难以承受人类之重，导致生态失衡，自然环境遭受破坏甚至恶化，严重地影响了社会的发展，对人类的健康也带来威胁，生态环境和自然环境对人类正在失去它应有的价值。因此，人类生产和社会的发展一定要把生态因素和自然环境纳入其中，以破坏生态和自然环境为代价的生产发展和社会发展不是健康和真正的发展，事实上，以破坏生态和自然环境为代价的生产发展是难以为继的，最终会付出惨重的代价和遭到无情的报复。

我们在发展生产和促进社会发展的同时，一定要保护好自然，促进生态的良性循环，使人与自然处于一种互依、互利、互荣的和谐、友好状态，真正体现自然价值和生态价值，让人民不仅拥有丰富的物质财富，而且也让人民生活在优美、优质的自然环境中，从整体上提高人民的生活质量，使社会步入良性和可持续发展中。

历史价值、现实价值和未来价值 从时间维度看，价值体系有历史价值、现实价值和未来价值的不同成员。历史价值是指在历史上曾经存在过的，但现在不再存在或是已转化存在形式的价值，如历史上的绝大多数器物和制度在历史上起过很大的社会作用，也即具有很大的价值，但到现在已不复存在，相应的它们的社会作用和价值也随之消亡。有少量的器物采用特殊的方式方法保存到现在而成为历史文物,文物在历史上是有其价值的,但随着年代的变迁,其固有的价值尤其是其使用价值逐渐递减以至于消亡,当文物被发现便又派生出新的价值即考古价值,考古价值不是文物本身的使用价值,而是历史和文化价值。现实价值是指客体当下的价值,即客体当下能现实满足主体的需要和实现主体的愿望,我们所说的价值,在绝大多数情况下就是客体的现实价值。未来价值主要是指客体潜在的价值或客体到将来才会显示出其价值。如月球对于人类来说,其绝大部分价值是潜在的和未来的,随着人类登月计划的实现和对月球实验和认识的不断深入,月球的潜在价值会不断被挖掘,月球的未来价值也会逐步转化为现实价值。

私域价值和公域价值 从空间维度看,私域价值和公域或公共价值是其价值的两大成员。私域价值是指存在于私人领域,仅满足私人需要和实现其愿望的价值。私域价值的最大特点就是其私人性或私密性,也即是其价值不情愿、不必要向社会和公众公开或共享。一般说来,私域价值是指个人价值中私密和隐蔽的部分,如个人的隐私、私人空间和私自活动等。私域价值还包括家庭中的大部分情况和活动,家庭虽然是以血缘为纽带,以爱情和亲情为基础的最小共同体和社会单元,但家庭像个人一样,也有它的隐私、私人空间和私自活动,这些都是不便于也没必要向公众和社会公开,属于私域价值。小团体或小集团内部也存在私域价值,如公司内部的商业机密和一些人事制度等,不便于和没有必要公开化,也属于私域价值。私域价值是私人的领地,只是满足个人或少数人特定的私人需要并实现其愿望,私域价值是不能也不可能共享的。

私域价值是有它的存在基础和理由的,我们应尊重、理解和维护私域价值,不能把私域价值公开化,也不能不经人的许可随意去刺探人家的隐私等私域价值,这样做,不但是不道德的,也是违法的。私域价值也不是绝对的不向他人公开,如好朋友之间的互诉衷肠,就是把自己的秘密和隐私告诉自己信赖的朋友,但这种互诉衷肠是有言在先的,即是不能告诉第三人,如果把朋友的隐私告诉了第三人就是不守信,也是不道德的。

但我们也不能随意地扩大私域价值的范围,更不能化公共价值为私域价值。我们知道,作为个人价值既有私域价值的成分,也有公共价值的内容,个人隐私属于私域价值,但个人的社会职业和一些社交活动则属于公共价值。特别是拥有和行使公共权力的个人,绝不能把公共权力这一最大的公共价值私有化和私域化。当前"执政为民"的治国理念就是强调行政权力的公共价值性,防止把行政权力这一公共价值私域化和私人化。当前腐败现象的出现就是行政权力这一属于全体民众的公共价值私人化和个人化了,要预防公共行政权力的私域化的有效方法就是加强监管和提高民众的知情与参与度。

与私域价值不同,公共价值是指存在于公共领域,能满足大多数人甚至是社会大众需要和实现其愿望的价值。公共价值存在的范围比私域价值要宽广,它要以公共领域为依托,以公众的需要和消费为旨归,从而它是一种公众价值和共同价值。说公共价值以公共领域为依托是指它总是存在于公众的共同生产和生活之中,如公共环境、公共卫生和公共安全等是同公众的公共生活息息相关的,有时,公共价值直接指公共领域,如公共交通和公共场所等。公共价值所依托的公共领域即是指它以公共领域为存在方式的,公共领域以自然空间为存在形式的公众活动和生活的公共场所。离开人的公共生活和活动,单纯的自然空间是无所谓公共领域的,所以,公共价值所依托的公共领域实质是指公众生活和活动的公共空间、公共环境和公共设施。公共价值之所以是公共的,最为关键的是这种价值不属于个人或集团所有,而属于全社会和公众所有,从而,公共价值的最大特点它是共享价值,即它不只是面向个人或少数人,而是面向大多数人甚至是全社会和全人类,公共性、共享性和公开化是公共价值不同于私域价值之所在。

根据公共价值范围的大小可以分为人类公共价值、国家公共价值和群体公共价值。人类公共价值是整个人类共享的价值,即其价值客体和价值资源能满足整个人类的公共需要和实现其共同愿望,人类的共同理想、人类的共同需要、人类的共同利益、人类的共同福祉、全球问题等人类面临的共同机遇和挑战等,都是人类的公共价值问题。国家的公共价值是存在于国家内的公共价值,其价值客体和价值资源能满足国家的社会大众的需要和实现其愿望,社会政治体制、经济发展模式、民族文化等都属于国家的公共价值。群体公共价值是只存在特定人群内部的公共价值,经济实体、社会团体和各级各类学校的发展目标、发展模式等,都属于群体公共价值。

人类公共价值是最大最高的公共价值,而群体公共价值是最小最低的公共价值。一般说来,高一级公共价值包含着低一级公共价值,低一级公共价值是高一级公共价值的基础,低一级公共价值要服从高一级公共价值,高一级公共价值兼顾和关照低一级公共价值。在当前国际形势复杂多变和人类矛盾相互交织的情况下,我们要立足于国家公共价值,追求着人类公共价值。因此,我们所讨论的公共价值主要指的是国家公共价值。

核心价值和一般性价值 从价值的地位和作用看,核心价值和一般性价值又是价值家族中的两大成员。社会核心价值是指决定该社会的本质特征和战略发展，同时引领其他价值的根本价值，是该社会的根本利益和核心利益所在。一个社会的核心利益在政治、经济、科学技术和文化等领域都有所表现。政治上的社会制度、意识形态；经济上的根本体制和发展模式；科学技术上的关键技术和核心产品；文化上的传统文化和民族精神等，都属于社会核心价值。社会核心价值属于国家公共价值，它也具有公共性、共享性和公开性等公共价值的特性，但它又不是一般的公共价值，而是一种特殊的公共价值即在公共价值中处核心地位和起支配作用的公共价值。在社会价值体系内部，有层次、表里、时段、大小和规模的不同，各种不同的价值构成了复杂多样、变化万千的社会价值体系，而核心价值则在社会价值体系中处主导地位和起支配作用。

一般性价值则是受核心价值的支配影响和引领的价值。一般性价值主要关涉人们的一般性生产、生活和发展，它属于社会局部的、表层的、当前的和日常的价值。一般性价值既包括私域价值，也包括群体和国家公共价值中的一般性部分。

一般性价值既受核心价值的支配和引领，又支撑着核心价值，没有一般性价值的强大支撑和提供的坚实基础，核心价值就难以确立和运作，因此，核心价值和一般性价值是紧密地结合在一起的，在性质上是根本一致的，它们具有亲和性和融洽性，共同构成了社会的价值体系。

正面价值和负面价值　从价值的性质和归向看，正面价值和负面价值又构成了价值家族中的两大成员。正面价值是指有利于人的身心健康发展，有利于社会和人类发展的价值，如健康食品、有机蔬菜、优秀的文艺作品、优美的自然环境、正常的人际交往等都属于正面价值。负面价值是指危害人的身心健康甚至威胁人的生命安全，不利于社会和人类发展的价值，负面价值也可以称之为反面价值，它是同人的需要和愿望相反的。如各种疾病和自然灾害、违法犯罪、恐怖活动和侵略战争等都是同人的需要和愿望背道而驰的，都属于负面价值或反面价值。

正面价值远远大于和高于负面价值，否则人就不能生存和发展，人类社会就不能进步。正面价值和负面价值始终处于对立和对抗之中，人类社会的发展就是正面价值战胜负面价值、正义战胜邪恶的过程，人类社会和文明的进步就是正面价值不断朝广度和深度发展的过程。

实存价值与观念价值 实存价值就是客观实际存在的价值，包括实体价值和关系价值，如物质价值、人的价值、政治价值、经济价值、科技价值、生态价值、历史价值、现实价值、未来价值、私域价值、公共价值、正面价值和负面价值等。价值观是主体对实存价值的反映、建构、内化、提炼、积淀和凝结，是价值的观念形态，每一种实存价值都对应着一种相应的价值观。价值观包含着丰富的内容和复杂的成分，其中、认知、情感和信仰是它的重要内容和成分。

作为观念形态的价值观无疑包含着认知的成分，在价值观中，价值认知首先是对客体的结构、层次、属性、特性及功能等的认知成分，需要注意的是，这里指的客体不是单一和孤立的存在物，而是指客体的整体和链环，在这链环式的客体中，有些是同人的需要和利益直接相关的，有些则是间接相关的，有些既是直接相关的也是间接相关的，有些是同个别人或一少部分人的需要和利益相关的，有些则是同绝大多数人甚至是全人类的需要和利益相关的。价值观中的认知成分还包括对人自身的需求和利益的反映。对人的需求和利益的认知也像对外界客体的认知一样，应该是全面的和长远的,即是要把人的当前需求和利益同人的长远的需求和利益,个体的、少数人的需求和利益同绝大多数人乃至全人类的需求和利益结合起来,并且,人的长远需求和利益,绝大多数人乃至全人类的需求和利益更为根本、更为重要。最为关键的是价值认知是对价值客体和价值主体之间意义关系的反映和建构。

价值观是一种复合的观念,情感也是价值观中的重要内容和成分,价值观中的情感就是一种价值情感。价值观中总是包含着情感内容的,没有情感渲染和支撑的价值观不是真正的价值观。价值观中的情感内容表明着价值观是发自主体内心深处的、诚心诚意的观念,是主体对它爱之真切、精心呵护和培育的观念,是主体满腔热情地去努力实践的观念。由于情感的参与,价值观同其他观念相比更有粘合性、人性化、选择性和倾向性。

价值观中的情感因素就表明主体对价值采取一种特殊的态度和倾注着特殊的感情,并特别期待和向往着价值,这种对价值的特殊向往和期待实际上也就是对价值的信仰。情感中包含着信仰,但信仰又不是一般的情感,它是在情感的基础上对价值客体全身心的投入和向往。信仰因素存在于价值观中,使价值观更加完整,使其特性更加突出。信仰使价值观更加坚定,信仰使价值观更加自觉自愿。

价值观同其他观点相比,具有积淀性、稳定性、总体性和至上性等特点。对于主体来说,价值观是主体在特定的社会条件、生活环境和自身状况中,并在长期的实践、认识和交往活动中积淀和建构的,在价值观的形成过程中,价值意识是价值观形成的基础,也是价值观形成的初始阶段。价值意识像一切认知意识一样,也是对外界客体的感知,不过价值意识是对价值的感知,在对价值无数次感知的基础上,会逐渐产生价值观念,价值观念是对价值意识的加工、整理、整合和概括,从而,价值观念比价值意识要全面、深刻,它已由一般性价值意识上升为价值的观念形态。可以说,价值观念很接近价值观,并且在一定意义上说,价值观念也就是价值观。不过,从细微处看,价值观念和价值观还是有区别的,价值观念还具有一定的分散性和多样性,如各种具体的价值观实质上是具体的价值观念,而价值观则是对多样具体的价值观念的再加工、整理、整合和概括,从而价值观同价值观念相比,更具有深刻性、整体性和超越性。价值观是人的根本追求,是根本需要和利益的表达,是人的信念和信仰,是人的尊严、人格的表征,是人的本质的观念显现。如果说,价值意识是丰富多彩的,主要是表象性的东西,那么,价值观念已深入到人的本质和思想的深处,但价值观念可以是多样的,而价值观原则是整体一元的,价值观是对价值观念的统领和整合,是根本需要、根本利益和形上追求的表达。

价值观的形成要经过多次的反复、校正、修复和完善,其中会出现思想的彷徨、怀疑、批判和反思,最终才能定型。因此,价值观是经过长期的实践和认知一点一滴积累而成的,期望一朝一夕或一次性实践和认知就形成完整、定型的价值观只能是幻想,从这一意义说,价值观具有积淀性。但我们也要意识到,价值观的积淀性表明,在我们日常的实践和生活中,就要留意价值意识的养成和价值观念的培养,有朝一日就能形成相对完整的价值观。价值观的形成有自觉的一面,也有自发的一面,自发的一面是指在无形和潜移默化中习惯地养成的,因此,我们在日常的实践和生活中,注重行为规范的养成,形成良好的习惯和积极向上的人生态度,这对价值观的形成无不具有促进作用。

价值观一旦形成,是不会轻易改变的,具有相对稳定性,这主要在于价值观是经过长期和复杂的实践和认知而积淀而成的,价值观的积淀性就决定了价值观的相对稳定性，只有在缓慢和复杂中形成的东西才具有相对稳定性即是在相当长时间内是相对不变的，快速产生的东西其消失也快，这是事物产生、发展和消亡的基本规则，价值观经过长期的积淀而形成，那么它存活的时间也相对长，具有相对的稳定性。价值观形成后要相伴人生的相当长时间甚至一生，在往后的发展中，一般只是丰富、完善和发展该价值观，根本改变价值观的情况是较少的或是很困难的。

价值观的积淀性和稳定性，说明价值观不会停留在人的感知和事物的表象层面，而是进入到了人的深层意识和核心观念中。价值观不是枝节之论，也不是具体的个别观点，而是从整体观照着自然、社会和人生的善恶，观照着人生的根本方向和价值取向，观照着人生的根本意义和根本追求。因此，价值观具有总体性、整体性和一元性。

价值观在人的观念和意识中处于核心和上层，它具有至上性，这不但在于价值观能统领其他观念，而且在于价值观是人的灵魂。一个人还没有形成自己的价值观，等于还没有成为完整的人，一个人对自己价值观的漠视或放弃，等于对人本身的漠视和放弃，价值观就是人的信仰和追求，甚至比生命更重要，因此，价值观具有至上性。

价值观对人的活动和整个人生具有选择、指引、定向、调节和评价的作用。人生的道路多种多样，每一条人生道路都伴随着特定的价值观，人生的辉煌固然有诸多因素促成，但价值观的积极和远大却是不可否定的因素。可以说，一个人走什么样的人生道路基本上按照设计的价值观和方案进行的，价值观基本上规定了人生的选择，规定了能做什么，不能做什么，价值观的这种选择作用实质上也就是对人生的指引和定向作用，价值观规定了人生的发展方向和人生所要达到的目标,当然这种指引和定向是宏观叙事的,粗线条的和大致的,不可能指明人生的具体所作所为,也不可能提供人生所作所为的具体答案。正由于此,人生在价值观的指引下,有许多不确定性和变数,有许多偶然随机事件的出现,甚至有可能暂时改变人生的发展轨迹,但只要坚信自己的价值观,坚定人生的选择和目标,人生大体上是朝价值观指引的方向前行的。如果价值观对人生的指引和定向作用是宏观叙事的,那么,价值观对人生的选择作用则是微观叙事的,就是说,价值观的选择作用是指主体的人生之事和日常言行,而价值观的指引和定向作用则是人生的根本方向和目标,不过,价值观的选择和指引作用具有很大的关联性。

人生的道路是漫长和复杂的,有曲折,有失误,有迷惑,有彷徨,也正是在这时候,价值观又能调节一些具体的不当的行为,校对人生的方向,使人生道路重新回到已确定的价值轨道上。价值观还能评价人生的意义,价值观既是航标和灯塔,指引和定向着人生道路,又是标准和准则,评价着人生的意义。人生的道路是否达到了预期的目标,是否实现了理想,只能由已确定的价值观来评价,如果达到了预期的价值目标,那么人生就是有成就有意义的,否则就是虚度年华。

价值观提供着人的精神家园和精神寄托。人总是有精神的,总是有自己的理想追求和精神寄托,人即使追求物质财富,其中也渗透着精神的因素,因为人的物质需要是有限的,那么对物质财富的欲求及满足也是有限的。因此,物质财富不能成为人的永恒的寄托和形上的追求,而人恰好需要这种永恒的寄托和形上的追求,只有精神的东西才能成为人永恒的寄托和形上的追求,因为精神是无形的,它又是弥漫的和无限的,正由于此,精神能成为人的终极寄托和形上追求。而价值观是处于人的观念、意识和精神中的最高层次和核心地位，它对人生具有指引、选择、定向、调节、校对和评价的作用，当然，价值观就成为人的终极的、形上的永恒的寄托和形上的追求。

价值和价值观是不可分割地联系在一起的，正是由于这些价值成员构成了价值大家族和价值体系。

价值体系就是各种各样的价值通过一定的途径和方式组合在一起的具有一定结构和功能的价值系统。价值体系中的各种价值并不是彼此并列的，而是相互联系甚至是相互包含的，如核心价值包含着政治价值、经济价值和文化价值，同时它们也是一种公共价值。这么多具体价值是从分析的不同标准、不同视角、不同维度而呈现出来的。

2.价值成员的“家族相似”

各价值成员组成价值大家族的首要条件，就是各价值成员要具有“家族相似”。“家族相似”语出维特根施坦，维特根施坦极力反对本质主义和语词的定义化。本质主义认为同一类事物个体或现象之所以构成该类事物，是由于它们具有共同的本质特征（共相），定义就是把同类事物的这种共同本质特征揭示出来。维特根施坦则认为事物根本没有共同的本质，没有共同的规律，但有“家族相似”。所谓“家族相似”不是指事物本质和规律的相同或相似，而是指事物这一方面或那一方面的个别的相似。例如一个家族中的成员之间有的眼睛相似，有的鼻子相似，有的神态相似，有的脸庞相似，但整体和本质并不相似，更不相同。维特根施坦还认为，在日常生活中使用名词概念不是揭示和定义事物的本质，而是为了生活和交流的方便，因为本质规律和共相的东西是根本不存在的,因此,没有必要去揭示和定义事物的本质、规律和共相。

我们借用维特根施坦的“家族相似”概念，其主旨是不相同的。由各价值成员组成的价值大家族,肯定有相同或相似的本质,否则就不能都叫价值,不能组合成价值大家族。当然,各价值成员在这一方面或那一方面有彼此不同，各价值成员有各自的特性,这是价值成员的不相同和不相似,还有个别或少数价值成员同价值家族是相反对的,但既然共处于价值体系中,各价值成员的性质差异是非本质和非主流的，在性质和取向上是根本一致的,否则就不可能共处于价值大家庭中。正是价值成员在本质上的相似才组成了价值大家庭,又是价值成员在某些方面的不同才显示出各价值成员的独特性。

各价值成员所组成的大家族实质上也就是各价值成员通过一定的血缘纽带组成了价值体系,在价值家族或体系中,我们固然要反对家长专制和等级制，主张各价值成员平等对话与和谐相处,但这并不意味着各价值成员的地位和作用是完全均等的。不同的事物或事物内部各部分的地位、作用和影响都是不同的,这样才能构成一类事物或一个事物,价值家族内部也一样,各价值有规模、大小、范围、地位和作用的不同,有些价值只涉及个人或群体,有些价值涉及全社会,有些价值居核心地位和起主导作用,有些价值则处于服从和服务的地位。在价值大家族中,核心价值处于中心地位和起主导作用，其他价值都受它的引领和指导,当然，一般性价值给核心价值提供了坚实的基础和广阔的舞台,各价值成员相互依存,互敬互爱,组成了和睦的价值大家族或价值体系。

价值体系的性质并非是各价值成员性质的简单相加，而是形成了整体、系统的新质态,这种新质态是单一价值成员不具有和不可达到的。价值体系的整体新质态在规模上大于各单一价值成员性质之和，在纯度和优度上要高于各单一价值成员性质之和，价值体系通过内部的优势互补和优胜劣汰机制，把优质的价值成员整合在一起，把次优的价值成员提升为优质的价值成员，把劣质的价值成员转化为次优甚至优质的价值成员，然后，把众多的价值成员整合在一起，形成整体和系统的新质态。

价值体系的整体和系统新质态决定了它整体和系统的新功能，价值体系的功能和作用也不是各单一价值成员作用的简单相加，而是整合和优化了各单一价值成员的功能，形成整体化和系统化新功能。价值体系的整体功能是一种合力、凝聚力和作用力，在整体上发挥价值体系的指引、凝聚和调控功能，积极推进社会价值体系的建设。

第二章　公共价值和公共价值观

公共价值是价值家族中的一位重要成员，近些年来，我国学者所讨论的“公共哲学”、“公共行政”、“公共文化”和“公民社会”等公共性问题，实质上已从某些侧面触及到公共价值。特别是对“普世伦理”、“商谈伦理”等的探讨则是从伦理学的维度直接探讨了全人类的公共伦理，所有这些为我们从哲学价值论的层面研究公共价值提供了基础和可资借鉴的观点及材料。但就我国价值论的总体研究来说，对公共价值的重视和关注还是不够的，这主要表现在：在给价值下定义时，学者们主要从主体需要和客体对主体需要满足的意义关系来界定价值的，而主体需要论又往往是建立在马斯洛的“需要层次论”基础上的，过分强调主体需要的个别性、差异性和特殊性，这难免有个体主义、心理主义和经验主义的倾向。也有学者把价值说成是普遍的实体或是实体的属性，扩大了价值的范围，突破了价值的个体主义、心理主义和经验主义的限制，似乎触及到价值的公共领域和公共话题，但离开人的存在和尺度去界定价值，纵使价值有多么大的普适性和广泛性，总是没有抓住价值的本质，根本就谈不上公共价值。在价值的评价论研究中，其理论基础仍是价值的主客体关系说，从而价值的主客体关系说的个体主义、心理主义和经验主义的倾向就基本规定了评价论研究的路径,因此,在评价论研究中也较少涉及公共价值问题,即使有群体评价这一层面,也是群体对个别或个体价值的评价,而不是群体对公共价值的评价。我国价值论研究对公共价值的重视和关注不够,还直接导致了价值观研究中大谈价值冲突而鲜谈融合。

我国价值论研究对公共价值和公共价值观的不够重视,可能由这样一种思想认识所致,认为中国社会正处于社会主义市场经济体制的建立和完善过程中,而市场主导型社会的特质就在于根据市场来配置各种社会资源和要素,它强调的是价值资源和价值观的独立性和特殊性,强调的是人的个性和胆识,人的独创和开拓。因此,市场主导型社会的各个价值是特殊的,价值观的差异和冲突表现得异常突出,而公共价值则被边缘化了,隐而不显。这种思想认识的偏颇之处就在于把公共价值和特殊价值对立起来,把公共价值和市场经济对立起来。其实,在市场经济发达的西方国家,其公共价值也是有较充分的建设、发育和发展的,而在我国,市场经济体制的进一步发展和完善,在客观上要求公共价值的建设与之同步进行和发展,凡是市场经济发育较为成熟的地区和行业,其公共价值建设也较为成熟和完善。因为,公共价值是社会发展的重要平台,若没有公共价值提供的各种保障和条件,人们就难以生产和生活,社会就不可能进步发展,再好的市场经济也难以生存和发展。因此,市场经济要发扬人的个性和主体性,要激发人的积极性和创造性,但公共价值的提供和保障是其重要的平台和条件。公共价值和特殊价值,价值观冲突和价值共识不是对立的,而是共存统一的。

19 世纪末,自西方价值论创立起一直发展到现在,主要经历了主观价值论、主观价值论与客观价值论并存和情感主义价值论等三大阶段[①]。从总体看，主观价值论占了主导地位，主观价值论强调的是价值依主体的情感、意志和需要的不同而不同，强调的是价值的差异性和个性，而对公共价值研究始终没有成为西方价值论研究的中心和主流。但有西方现代学者对公共性的研究，特别是哈贝马斯的交往理论和商谈伦理却从民主政治建设和文化建设的层面把公共价值论题提到了议事日程。

公共价值在价值论研究中滞后和被忽视，却在现实中表现得异常突出，就当代的环境与健康、资源与人口、安全与反恐、和平与发展等全球问题，通常涉及到全人类的利益和公共价值。就民族国家来说，如公共环境、公共安全、公共卫生、公共健康、公共行政、公共财政、义务教育、社会保障体系、公共文化、大众媒体、公益事业、民族精神和核心价值体系等等，都涉及到该民族国家的公共价值或本身就是公共价值存在。

一、公共价值及其特性

1.公共价值

所谓公共价值是公共客体同公众构成的效用和意义关系，也即公众在满足自身需求和获取利益，在表达和实现自身愿望的过程中，所体现和表征的公共客体和公众之间的意义和效用关系。在当代社会，公共价值主要由政府或社会团体设计、开发、制造、

①孟宪俊：《价值哲学研究的重大进展》，载《人文杂志》2007 年第 4 期。

组织、治理,提供、分配给公众进行消费和享受的公共产品和公共服务,以满足公众的共同或相同需要。公共产品和公共服务即公共客体是公共价值存在的客观基础,主体的共同或相同需要是公共价值存在的主观依据,公共客体和主体相同需要构成了公共价值的两大基本要素①。

就公共客体来说,它是指政府或社会团体提供、治理及分配的,以满足和服务公众需要的公共领域,它大致包括三大方面的内容:公共空间、公共产品和公共话题。阿伦特和哈贝马斯的公共性理论都包含有公共领域的这三方面内容。

公共空间是大众共同生活的公共环境和公共场所,它包括自然环境和社会环境以及人群聚集的公共场所如社区、工作单位、公园、超市、影剧院,还包括网络空间等。

生活环境包括自然环境和人文社会环境,如地球是人类的共同家园,地表的植被、空气、气候、水质、环流、土壤以及各种自然现象,都是人类共同面对的自然环境。自然环境的好坏和优劣直接关系到人类的生存状况和生活质量,当代的生态问题已严重地影响着人类的生活质量甚至威胁着人类的生存,已成为各国政府和全人类认真思考和着力解决的重大问题,因此,自然环境无疑是人类共同面对的公共客体。自然环境对全人类是这样,对特定的民族国家也是这样。由于各国所处的地理位置不同,禀赋着不同的自然环境和自然资源,这是无法改变的。但国家所处的自然环境的好坏和优劣在很大程度上是人为造成的,有节制地开发自然、善待自然的国家,其自然环境就保护得好,其国民的生存状况就好,其生活质量就高;反之,无节制地开发自然,不善待自然,自

①参见汪辉勇:《公共价值含义》,《广东社会科学》2008 年第 5 期。

然环境就遭到严重的破坏，严重地影响和威胁着其国民的生存状况和生活质量。可见，自然条件、自然环境和自然资源是国家乃至全人类的公共客体。

人类所生活的环境除了自然环境外，还有社会文化环境。就全人类来说，人类所创造的物质文明、精神文明、政治文明和制度文明等整个的社会文明，人类所积累的知识、生活经验、生存体验及各种礼仪、礼节等，都是我们要继承和发扬的，所有这些也是作为公共客体而存在的。

就国家来说，除了人类共有的文明外，还有该国民族独有的历史传统、风俗习惯、民族精神和民族信仰。在国家内，有独特的政治制度、经济模式、法律道德规范，有独特的社会发展道路，所有这些对于该国民族来说，是社会文化的公共客体，该国民族不但要接受和继承这些既有的成果，才能生存和发展，而且要不断发扬和创新这些成果，才能更好地生存和发展。

公共客体的自然环境和社会环境是较大的公共空间，是人成长和生活的环境，人依赖这生活环境。人的社会化过程直接受社会环境的影响，环境造就人，人也作用于环境和改变环境。我们为了自己的生存，一定要保护好自然环境，构建良好的人文社会环境，建设好我们赖以生存的公共空间和公共领域，来满足我们共同的优美环境的需要。

社区、工作单位、公园、超市、影剧院等公共空间是人工作、生活和休闲活动的场所，也是人群聚集的场所，这一具体的公共空间直接影响着人的工作效率、生活质量和休闲效果。为了发挥这一公共空间的价值效能，在硬件上把公共设施和设备建设好，更重要的在软件上健全规章制度，搞好规范的建设，使人们的工作、生活和休闲有一个优良有序的公共领域，从而提高其工作、生活和休闲的效率和质量。

以上的公共空间是现实的,是人们现实地工作、生活和休闲于其中的现实空间。随着计算机互联网的普及,在现实的公共空间外又增加了一个虚拟的公共空间,虚拟公共空间不是现实的,它没有现实空间的广延性,也没有现实空间中的实在性。但虚拟空间是全球互联的空间,它具有公共空间最大的领域性,把全球联在一起,虽然虚拟空间不具有实在性,但它却执行着现实空间的功能,如网上办公、网上购物、网络交往等,并还能发挥现实空间不可能实现的功能,这正满足人的超越现实的欲求,如网络游戏和某些虚拟生活等,从而深受人们的喜爱。虚拟空间能实现人的部分需要,能给人提供一定的价值,但虚拟空间也给人提供了许多虚假信息、暴力和淫秽等负面价值,给社会和人们造成不良后果,因此,我们不仅要在技术上,也要在道德上规范网络行为,发挥它的正面价值,预防和抵制它的负面价值,使虚拟空间更好地为社会和人服务。

作为公共领域的公共空间是人类社会所固有的,只要有社会的存在,有人群生活的地方,就有公共空间,人生存在公共空间中,人的生产、生活和交往大部分是在公共空间中进行的,在这一意义上说,人就是公共性的存在,美国当代社会学家汉娜·阿特伦正是在人的存在论意义上来论述公共性的。她说:“世界对我们来说是共同的,并与我们的私人地盘相区别。就此而言,‘公共的’一词指的就是世界本身。”[①]阿特伦所说的世界就是公共领域,世界是人生产、生活的公共领域和公共平台,世界同人相比,具有无限

①[美]阿特伦:《公共领域和私人领域》,刘锋译,载汪晖、陈燕谷主编:《文化与公共性》,北京:生活·读书·知新三联书店,1998年,第83页。

性和永恒性,人在世界中一代代地出生着和死亡着,但世界却是不生不死的,正由于此,人才能生活在世界这公共领域中。

公共客体还包括政府和社会团体提供的公共产品和准公共产品,如公共政治、公共财政、公共行政、公共教育、公共安全、公共文化、公共卫生和社会保障等提供的各种产品和服务都属于公共产品,社会团体所提供、治理和分配的,以满足和服务公众需要的公共产品也属于公共客体。这些公共产品不属于任何个人和群体,而属于全社会,能满足全体社会成员需要,对全体社会成员都具有意义和价值,它们是共享客体①。如果说,作为公共客体的自然环境和社会文化条件具有一定的先在性和既定性的话,那么,作为公共客体的公共产品则具有现实性和人为性,这就是说,公共产品是政府和社会团体提供的,提供什么样的公共产品,怎样提供和分配公共产品,这完全是人为设计和完成的。要保障公共产品的公共性,以及发挥它的最大效能,这就需要制度的完善和执行的有力以及民众的广泛参与和监督。

公共客体还指公共话题,哈贝马斯所说的公共领域就包含着公共话题的内容,他说:"所谓'公共领域',我们首先意指我们的社会生活的一个领域,在这个领域中,像公共意见这样的事物能够形成。公共领域原则上向所有公民开放。公共领域的一部分由各种对话构成,在这些对话中,作为私人的人们来到一起,形成了公众。"②

公共话题是大众所普遍关心并可以发表自己意见的主题,如生态问题、反腐倡廉问题、民生问题等,随着国家民主建设的不断

①李德顺:《普遍价值及其客观基础》,载《中国社会科学》1988 年第 6 期。

②[德]哈贝马斯:《公共领域》,汪晖译,载汪晖、陈燕谷主编:《文化与公共性》,北京:生活·读书·知新三联书店,1998 年,第 125 页。

深入，公共话题会越来越多，公众的参与度也越来越高。公共话题之所以是公共的，是因为公共话题的内容涉及到大众的切身利益或是涉及到国家的利益和社会风尚，它一般都是现实性问题，是现在或即将要解决的问题。公共话题是大众平等、积极参与讨论的问题，公共话题涉及到大众的切身利益，从而大众会积极参与公共话题的讨论，发表各自建设性意见，虽然各自的意见和建议可能千差万别，只要是善意的意见就都具有建设性。大众对公共话题发表自己的意见完全是自愿和平等的，大众发表意见和建议不是出于某种压力，也不是听从别人的指使被迫发表的，他所发表的意见是发自内心的，是自觉自愿的。另外，大众发表对公共话题的意见都是处于平等的地位，没有任何人包括权威和官员能把自己的意见凌驾于大众之上，大众的意见也不会屈服于权威和官员的压力，在公共话题面前，没有人的贫富贵贱之分和社会地位的高低之别，大家是一律平等的。达成公共话题的共识也是通过商谈，最终达成重叠共识，这重叠共识体现了绝大多数人的意愿，也集中了绝大多数的意见，可以说是大众的意见和建议。现实的公共话题最终要由政府出面来解决，政府根据大众的建议设计方案，组织实施和有效管理。公共话题的现实解决无疑是惠及人民大众的价值工程和公益事业。

公共话题同公共空间和公共产品是非常紧密的，公共话题是在公共空间和公共场所发布和谈论的，但公共话题所依赖的公共空间是多样的，也比较松散，如可以集中在一个场所讨论公共话题，也可以在互联网上讨论公共话题，还可以通过问卷、访问和电话方式参与公共话题的讨论，而虚拟空间和问卷、访谈所占有的空间是比较松散，不像社区那样聚集和典型。另外，公共话题所涉及的都是大众所关心的问题，涉及到公共建设等公共产品问题，所以,公共话题实质上是在比较宽松的公共空间中谈论公共产品问题。

作为公共领域的公共客体的公共空间、公共产品和公共话题是相互联系在一起的。

公共客体构成了公共价值的客观的一极,主体的共同或相同需要则构成了公共价值主观的另一极。

就主体的相同需要来说,无论什么民族和国家,也无论什么个人和群体,都过着人类社会的生活,都生活在同一个地球上,都要消费衣、食、住、行等物质生活资料,都拥有各自的精神世界,都有理想和追求,也都要消费精神产品,都希望自己的生活越来越好,都有终极的理想、信仰和追求。当然,不同主体的生存状态是不一样的,从而不同主体的需要也是千差万别的,但在这千差万别的需要中却有共同或相同的成分,这就是主体的共同需要。

一般说来,主体的最基本需要(生存需要)是相同的或大致相同的,这主要因为人的生理结构和功能是相同的,由生理结构和功能所决定的生存需要也是相同的,生存需要是相对稳定的,变数少。这就是说,无论什么样的主体,也无论什么时候,主体都得满足最基本的需要,否则就会死亡。因此,物质资料的生产及物质产品同主体的生存需要就构成了最基本的公共价值。国际人道主义援助活动能得到普遍的认可和共识,就在它是超越了不同国家、不同种族和不同信仰之上的,基于人的最基本和最普遍的生存需要的援助活动。

主体较高层次的发展需要是千差万别的,这主要是不同的主体有不同的生活态度和生存方式,有不同的奋斗目标和追求,从而不同的主体有不同的需要,不同的需要又会面对不同的客体或客体的不同方面,并且主体的需要又是在不断发展变化,这又增添了主体需要的复杂性，这些复杂多变的需要直接涉及到主体现实的和直接的利益，直接涉及到主体的现实发展。当客体资源有限，主体需要的满足会出现不同的情况，有的多有的少，有的优有的劣，甚至有的根本得不到满足，这样就出现了矛盾和冲突。当今民族与民族、群体与群体、人与人之间的价值冲突主要发生在这一层面上。但在主体需要和利益矛盾中，却隐藏着相同需要和共同利益，这相同需要就是都要谋求发展，共同利益就是各自的利益相互联系在一起，形成了利益的整体和平台，都要依赖相同的自然资源、社会文化资源才能得到满足和发展。因此，只要各主体从冲突着的需要和利益现象背后，看到彼此间相同的价值资源和满足需要的方式，就会以公共发展的平台和实现途径为重，求同存异，为寻求价值共识提供更多的共同的主客观前提和基础。

主体最高层次的需要是寻找终极关怀和形上追求，一般说来，主体最高层次的需要属于终极的精神追求和信仰，即使是对物质财富的终极追求，也不是追求具体的物质财富，不直接关涉主体的现实需要和利益，它关涉和代表的是主体整体的、长远的物质需要和利益，而这整体的、长远的物质需要和利益已超越了纯物质的意义，赋予了精神和文化的内涵，即表征主体的身份、尊严、声誉和社会地位，所有这些都是通过物质的外壳或媒介而间接地、隐蔽和象征地表现出来的。因此，主体对物质财富的终极追求实质上是对精神追求的另类形式。至于主体直接对精神的终极追求就自不待言了。不同主体对精神终极追求所处的社会条件、文化背景，追求的方式方法和目标不尽相同，也即各自的终极信仰和价值取向不同，但其性质和所要达到的终极目标是相同的，即都在寻找人生的终极寄托、归宿和安身立命之所。不同主体的人生道路不同，生存状态各异，荣华富贵不均，酸甜苦辣各味，只要找到了各自的终极寄托和安身立命之所，就找到了各自的终极关怀和形上追求，在这一点上，不同主体的终极需要是相对稳定的、相通的和相同的。个体的终极需要是这样，社会和人类的终极需要也是这样 。

主体需要的这三个层面就决定了有最基本公共价值、一般公共价值和终极公共价值的存在。

一般说来，公共产品能足够地满足不同主体的相同需要，主体对这一公共价值能比较容易达成共识 。但在多数情况下，达成价值共识是要经过一个曲折的过程，即使有足够的公共产品，由于主体的需要的个性特征以及眼前利益和长远利益的差异，要做出许多努力才能达成价值共识。如果公共产品有限，不能满足全体的需要，势必会发生价值冲突，在价值冲突的情况下，我们也要努力地追寻价值共识，以维持正常的社会秩序和价值规范。因此，可以说，价值共识和价值冲突往往是交织在一起的，正由于有价值差异和冲突就需要达成价值共识。同时也可以说明，价值差异、价值冲突和价值共识总是存在于公共价值领域，离开了公共价值，就不存在也不需要价值共识。在私域价值中，不存在当事人的价值冲突，也不需要当事人的价值共识。

公共价值是公域价值，它是同私域价值相比较而存在并得到规定的。不管从价值关系还是从价值实体上看，公共价值是存在于公共领域中的价值，它要以公共领域为依托，以公众的需要和消费为旨归，从而它是一种公众价值和共同价值。说公共价值以公共领域为依托，是指它总是存在于公众的共同生产和生活之中，如公共环境、公共卫生和公共安全等是同公众的公共生活息息相关的，有时，公共价值直接指公共领域，如公共交通和公共场所等。公共价值所依托的公共领域即是指它以公共领域为存在方式的，公共领域以自然空间为存在形式的公众活动和生活的公共场所，离开人的公共生活和活动，单纯的自然空间是无所谓公共领域的，所以，公共价值所依托的公共领域实质是指公众生活和活动的公共空间、公共环境和公共条件。公共价值之所以是公共的，最为关键的是这种价值不属于个人或集团所有或私有，而属于全社会和公众所有，从而，公共价值不是为某个人或某些人服务的，而是为社会的全体公民及公众服务的，满足公众的共同需要，它的价值取向是公众，而不是个人。

私域价值是属于私人个人所有，不能公开和共享的价值，具有隐蔽性和私密性，如家庭生活和个人隐私就属于私人领域，属于私域价值。私域价值是独特的，外人是不能分享的，它只能满足特定个人私域群体的需要，只能服务于特定的个人或私域群体，所以，私域价值还具有排外性，存在于狭小的私人领域。而公共价值则与之相反，它具有公开性、共享性和广域性。在西方，早在古希腊的城邦里，就出现了“公共”概念，自由民拥有公共领域和每个人都拥有私人领域的区分是十分清楚的，自由民的公共政治生活主要在广场进行，公共政治生活主要以讨论、辩论、演说等形式表现出来，公共领域是自由的王国。可见，无论从客观存在还是从观念意识上，公共领域早就出现。中世纪的欧洲，国家一切权力都归封建君主私有，没有严格意义上的公共领域观念。真正意义上的公共领域意识和观念是在资本主义宪政民主制度和市民社会建立后才形成的，在宪政民主制度中，国家的公共行政权力就在公众的参与和监督下运行，于是公共领域就成为公众议论和评价国家权力、形成舆论的重要场所和形式。罗尔斯的“重叠共识”论和哈贝马斯的“交往理性”论所指的公共性主要是脱离于国家权力和意志的市民社会的公共生活领域，罗尔斯说的公域价值是指在理想的民主宪政国家用来处理人与政治、人与社会以及人与人之间道德准则和道德风尚①。而哈贝马斯所说的公共价值主要指的是介于国家权力和私人领域之间的中间地带，公众在这一公共领域发表各自的意见和评论，达成共识并形成一定的舆论，并通过大众媒体的传播去影响国家权力的运行，从而促进社会的民主建制。他指出："本来意义上的公共性是一种民主原则，这倒不是因为有了公共性，每个人一般都能有平等的机会表达其个人倾向、愿望和信念——即意见；只有当这些个人意见通过公众批判而变成公众舆论(opinion publique)时，公共性才能实现。"②在这里，我们所说的公共价值与罗尔斯和哈贝马斯所说的公共领域有些不同，公共价值不单纯是从民主政治建设的角度说的，而是从整个社会的基本保障体系和民众的基本生活条件和生活质量上说的。因此，公共价值的设计、创建和实施主要是靠国家行政权力的推动和民众的共同参与而完成的，公共价值不只是舆论和道德准则的空间，更是社会存在和社会实体以及民众共同生活的空间，它是公众价值和社会价值，更具有社会本体论的意义。美国当代社会学家汉娜·阿伦特指出："公共领域的实在性则要取决于共同世界借以呈现自身的无数视点和方面的同时在场"③。

需要注意的是，公共价值和普世(普适)价值是既有联系也有区别的两个概念或范畴。普世价值是直接从普世主义而来的，早在古希腊和罗马就产生了普世的思想，但普世主义作为一种救世

①袁祖社：《"公共性"的价值信念及其文化理想》，载《中国人民大学学报》2007年第1期。

②[德]哈贝马斯；《公共领域的结构转型》，曹卫东、王晓珏、刘北城、宋伟杰译，上海，学林出版社1999年版，第252页。

③[美]汉娜·阿特伦：《公共领域和私人领域》，刘锋译，载汪晖、陈燕谷主编：《文化与公共性》，北京：生活·读书·新知三联书店，1998年，第88页。

济民的原则是随基督教和佛教的产生而产生的，基督教的赎罪和佛教的普度众生都表达了普世主义原则，表达了救世济民的情怀，这种普世的救世济民情怀是指不分国家和民族，不分种族和肤色，不分男女老幼，不分贫富贵贱，只要是人就都在宗教的佑护之下。普世主义虽然表达了宗教的人类之爱和救世济民情怀，但在现实生活中，这种人类之爱和救世济民情怀往往是相当有限的，有时甚至是苍白无力的。

即使是这样，资产阶级也利用了宗教的普世主义，把他们所奉行的自由、民主、平等、博爱说成是超越一切的普世价值。实质上，1776 年颁布的《美国独立宣言》和 1789 年法国颁布的《人权与公民权利宣言》所说的“平等”、“自由”、“民主”、“人权”，只是男性白种人的普世价值，而不包括妇女、有色人种和穷人，显然，这根本不是普世价值，而只是特殊人种和人群的价值。1948 年，联合国通过的《世界人权宣言》，虽然确立了人人“不分种族、肤色、性别、语言、宗教、政治或其他见解”应该享受人权原则，这在理念和形式上真正确立了普世价值原则，但这一普世价值原则往往被某些发达资本主义国家所利用，把自己的价值观夸大为普世价值观，并成为干涉别国内政，推行新霸权主义和强权政治的借口。可见，资产阶级所宣称的普世价值具有鲜明的资产阶级意识形态性、虚伪性和欺骗性。

但超出资产阶级所宣称的普世价值来看普世价值，却能发现，当今社会，人类联系越来越紧密，人类追求的目标日益趋同，人类面临的共同问题也日益凸现，另外，在人类的精神生活中，有相同的审美情趣和道德底线，这些共同的机遇、目标、问题和相同的精神因素对各个国家和民族来说，具有普遍性和普世性，是一种普世价值。1993 年发布的《世界宗教会议走向全球伦理宣言》，提出并倡导“全球伦理”或“普世伦理”，从最一般意义指出了宗教和伦理普世价值的存在。但由于各个国家和民族都有自身的特殊需求、特殊利益和特殊愿望，从而在现实操作面前，这种普世价值又很难实现，即使能实现，也是有限的。同时，这些普世价值总是同特殊价值不可分割地联系在一起的。

因此，我们认为，作为宗教情感和道德原则的普世价值是存在的，但是有限的甚至有时是苍白无力的。而作为政治原则和主流意识形态的普世价值到目前为止是不存在的，西方某些发达国家所宣扬的政治和意识形态普世价值是别有用心的，我们要引起高度的警觉。

公共价值不同于普世价值，公共价值可以面向和惠及全人类，但更多的是面向和惠及民族国家内的全体民众，由于公共价值更多地同民族国家的经济状况、社会制度和文化传统紧密联系在一起，从而公共价值突破了普世价值的有限性和脆弱性，大大增加了它的可实现性和操作性。因此可以说，宗教情感和伦理原则的普世价值是最大的公共价值，是公共价值外延最大的一种，但公共价值的本质内涵是特定民族国家内的普遍价值和大众价值。

2.公共价值的特性

同个体价值以及价值的差异性和特殊性相比，公共价值具有自身内在的特征。

公共价值的公共性和公众性。公共价值是由国家提供和分配的公共产品和公共服务，它属于国家和社会所有，社会所有成员都有权分享和消费这些公共产品，公共价值也就属于公共产品，个人或某一群体拥有、享用和消费这些公共产品，并不妨碍和排斥他人也同样拥有、享用和消费这些公共产品。因此，公共价值的公共性和公众性又是指它的共享性和非排他性，是共享客体[①]。阿伦特不仅把公共领域当作社会实体，而且把它当作共同和共享的社会实体，她指出："'公共的'这个术语……首先是指，凡是出现于公共场合的东西都能够为每个人所看见和听见，具有最广泛的公开性。"[②]阿伦特所说的公共性或公共领域的最大特点就是公开性，不管是人的活动还是劳动产品必须被每个人所看见和听见，即进入公众的视野并成为 公共表象才能进入公共领域。另外，公共领域中各种人物和产品必须各具特性，并各自尽兴表现才能成为公共的东西，即是说，公共领域是自由的领域，那种统一和必然的东西应排除在公共性之外。阿伦特对公共性的理解有些偏激，但认为公共性的最大特点是公开性，这无疑是合理的。如我国实施的 9 年制义务教育，就属于公共价值和公共产品，不管什么地区的任何适龄儿童都享有义务教育的权利，任何个人或机构都无权剥夺适龄儿童享有义务教育权利。因此，义务教育作为一种公共价值和公共产品无疑具有公共性、公众性和共享性。

公共价值的社会层面性。公共价值不是针对个体和特殊群体而言的，而是针对全社会所有公众而言的，国家和社会提供的公共产品是为了满足全社会民众的需要的，如国家公共食品安全和卫生安全体系的建设，不是为某些特殊的群体，而是为全社会的民众服务的。因此，公共价值实质上就是国家的和全社会的价值体系，全社会的民众都在它的保护之下。当然，公共价值的社会层面性并不否定不同区域、不同人群有具体特殊的标准，如对于城乡之间、富裕与贫穷之间、不同年龄人群之间，其公共价值的标

①李德顺：《普遍价值及其客观基础》，载《中国社会科学》1998 年第 6 期。

②[美]汉娜·阿特伦：《公共领域和私人领域》，刘锋译，载汪晖、陈燕谷主编：《文化与公共性》，北京：生活·读书·知新三联书店 1998 年版，第 81 页。

准、要求和服务的内容会有些不同,但总的价值准则是一致的。另外,提倡公共价值建设并不否定不同的个人和群体在遵循公共价值原则的前提下,有自己的个性和个体价值的追求,相反,公共价值是在无数的个体价值和价值差异中整合而成的,公共价值同个体价值、价值的共性和个性是相互统一和相得益彰的。

公共价值的大规模性和宽广性。公共价值的公共性、公众性和社会层面性,就表明了公共价值规模和数量的庞大性和覆盖面的宽广性,只有这样,才能作为社会价值满足公众的相同需要。如果政府提供的价值产品是少量有限的,它只能满足少数个人的需要,覆盖的面也是很有限的,那么,这些价值产品就不能称之公共价值产品,因为它不具有公共性和公众性。政府只有提供和分配足够量的公共价值产品,才能满足全社会广大民众的相同需要。也就是说,公共价值产品的生产、提供、分配、拥有和消费形成了一定的规模,并像网络一样覆盖全社会,才能成为公共价值产品。如公共卫生服务只有覆盖城乡各个角落,覆盖社会各年龄段、各层次人群,才能成为公共价值和公共产品。同样,社会的核心价值体系只有被广大民众所共识,并普遍认可和接受,形成公共和共同的价值观,才能成为社会的公共价值体系。因此,公共价值的大规模性、宽广性同它的公共性和社会层面性是不可分割地联系在一起的。

公共价值的可操作性和可实施性。任何价值都是对人的需求的满足,都是对现状的改进和对理想的追求。公共价值也不例外,当一个国家或社会把公共价值的建设作为重要任务提出来时,说明该社会的公共价值是不太令人满意的,有许多需要创建和完善的地方,也表明该国的民众对理想的公共价值的向往。这就说明,一个国家或社会的公共价值不会总停留于现状,而是要不断朝满意和理想状态发展，并不断完善和发展着自身。因此，公共价值总具有未来追求性、理想性和进步性。但公共价值又不是对遥远未来的设想和规划的追求，不是一种纯粹的精神追求，它就存在于社会的现实中，是对现实价值的完善和进步的愿望和追求。从而，公共价值的建设和运作具有实践性、可操作性和可实施性。这主要是因为当人类社会发展到近代后，建设公共价值体系才提到议事日程，这也说明，只有到这时社会才具备建设公共价值的生产力条件。从现实性来说，只要国家权力重视和到位，公民的普遍参与，该社会的公共价值体系是能够建立起来的，这既符合社会发展的现实需要，也符合社会公众的现实需要，具有现实的可操作性和可实施性。

公共价值的公众参与性和治理性。作为社会保障的公共价值体系存在一个合理配置问题，而公共价值的合理配置不是自发的和自然而然的，而是通过权力机构和人的治理使然的。罗尔斯和哈贝马斯把公共领域置于国家权力的控制和管理之外的一种纯粹的民间活动和自治领域，这样就把公共领域局限在社区和市民社会，而没有延伸到国家和社会的层面，没有把作为社会保障体系的公共价值纳入到公共领域中。而我们所说的公共价值重点指的是社会保障体系，当然也涉及社区和市民社会，因为只有依靠社区和市民社会的力量，才能真正建设好公共价值体系。既然这样，对公共价值的治理和管理就不能不主要依靠国家公共权力的力量，因为国家公共权力具有权威性和强制性，公共价值体系的建立和运行正需要这种权威性和强制性的国家权力。但只依靠国家权力的管理和治理又不能完全达到公共价值良性治理的目标，因为，一方面，国家权力具有刚性的特点，如果运用不妥和欠佳，就会成为窒息和瓦解公共价值的力量。因此，对公共价值的治理和管理主要依靠国家权力外，还要依靠社区和市民社会的力量，因为公共价值具有公众性，是一种公众价值，就必须依靠公众自己的力量来治理属于自己的公共价值，这样才能保证公众直接参与公共价值体系的建设和运作。若没有公众的参与与治理，公共价值也就不成为公共价值。总之，对公共价值的治理和管理不是一元的，而是多元的、多方式的和多层面的，从而也是一种民主的、公众的治理和管理方式，具有公众参与性和治理性。

公共价值的非资本性和非市场性。公共价值作为为全社会、为公众服务的公共产品，它的开发、制造、提供、分配、享用和消费主要是在国家行政权力规划、调控、干预和监管下进行的，而不是资本的市场运作过程。因为公共价值不是作为资本，不是以增值和赢利为目的而存在的，而是作为社会公共产品和公共服务为了满足公众的基本需要和社会的正常运转而存在的，它具有社会福利和社会保障的性质。如果把公共价值当作资本运作，势必使它变成私有财产和私有价值，它就将失去其公共性和公众性，从而也就失去其公共价值的特性。因此，在公共价值运作的整个过程中，特别要警惕这一点。这就要求政府运用行政权力全面规划，有效调控，合理分配公共产品。另外，让公众积极参与对公共价值的管理、监督和评估，让公共价值真正服务社会和公众，让公共价值真正发挥它应有的作用，警惕它的资本化和市场化，保持它的公共性、公开性、公众性和服务性的特征。

二、公共价值观

公共价值体系既包括客观存在的公共价值资源和公共价值产品,又包括主观存在的公共价值观或共同价值观,并且,公共价值与公共价值观是不可分割地联系在一起的。

1.公共价值观的涵义及特性

公共价值观是公众对公共价值所达成的共识而形成的共同价值观,也即公众对公共价值的反映、建构和积淀。时下,学者们热衷于价值观的差异、多元和冲突的研究,对价值观的统一和一致有所忽视,这是一种片面看法,如果只看到价值观的统一和一致,而看不到价值观的差异、矛盾和冲突同样是片面的看法。客观价值是多样性和共同性的统一, 价值观也是多样性和共同性的统一。我们面对同样的价值世界,面对相同的公共价值,由于个人的喜好、情性和需要不同,会形成各不相同、各具特点的价值观。但在这各不相同、各具特点的价值观中,会有相同或相似的内容的,这主要是因为有公共价值的客观存在,有人的相同或相似的需要存在,有公共的利益追求,这就决定了价值观中有相同或相似的内容和成分,甚至有相同或相似的价值观。因此,公共价值观同个人价值观是相互联系在一起的,个人价值观中既有个人独有的成分,也有其他主体共有的成分,不包含公共价值观内容的纯粹个人价值观和不建立在个人价值观基础上的纯粹公共价值观都是不存在的。公共价值观和个人价值观是共性和个性的关系,公共价值观是个人价值观相同部分的综合、整合和建构，但个人价值观不可能全部包含于公共价值观中，可见，公共价值观离不开个人价值观，个人价值观也离不开公共价值观，公共价值观和个人价值观你中有我，我中有你。但公共价值观又不是个人价值观的简单机械加总，而是对无数个人价值观的整合和建构，从而公共价值观有不同于个人价值观的特性。

公共价值观也像公共价值一样具有公共性即大众性或公众性。公共价值观不是个人独有的，而是群体、国家甚至是全人类拥有的，它是许多人共同参与、分享和拥有的价值观。

公共价值观不同于个人价值观的地方还在于它具有形态性和体系性，个人价值观也能构成形态和体系，但它的形态和体系只局限在个人领域，是非常小的和单薄的，或许就根本称不上形态和体系。而公共价值观与之不同，它是群体、国家甚至人类共同拥有的价值观，它内容之丰富和庞大是任何个人价值观无法比拟的，从而，公共价值观就构成了较为严密的形态和体系，上升到了集体意识、国家意识甚至人类意识，上升到了时代精神和意识形态。

公共价值观具有个人价值观的更合理性。价值观虽然有正确和错误、先进和落后之分，但对价值观的这种判断比对认知的判断要复杂得多，要判断认知观的对错，只要拿这种观念在实践的基础上同客观事物相对照就能知晓，凡是同客观事物相一致的认知观就是正确的，甚至是真理，凡是同客观事物不相一致甚至相违背的认知观就是错误的。但对价值观的判断要复杂得多，因为价值观既包含有认知的成分和内容，又包含有情感、信仰和文化的成分和内容，对价值观中的认知成分作出判断比较简单易行，但对价值观中的情感、信仰和文化的成分作出简单的对错判断则比较困难，因为情感、信仰和文化是长期积淀而成的，它是人的生活方式和精神世界的表征，它不是一个简单的对错和先进与落后的问题。再者，对价值观作出评判又不能只评判其认知成分，而不去评判其他成分，只能是对价值观的整体作出评判。因此，任何价值观都有它存在的理由，都有一定的合理性，即使是错误的和落后的价值观也有存在的一定理由，价值观教育一定要针对这种理由进行，决不能简单地否定和批判。

个人价值观是如此，公共价值观就更是如此，因为公共价值观是对个人价值观的整合而成，在这一整合过程中，吸收了无数个人价值观中共同的、合理的成分，剔除了其中不合理和落后的成分。从而，公共价值观在认知、情感、信仰和文化等各成分的合理性及公共价值观整体上的合理性都要远远高于和大于任何个人价值观，其力量和影响也要远远高于和大于个人价值观。

公共价值观还具有一般价值观共有的特性，即积淀性、指向性、稳定性和至上性。公共性、形态性、体系性和更多的合理性是公共价值观不同于个人价值观的特性。

2.公共价值观的主要内容和表现

公共价值的内容是非常丰富的，既有自然的，也有政治、经济和文化的；既有历史传统的，又有当前实践的；既有制度的，又有制度执行的等，那么对公共价值反映和建构的公共价值观的内容也是非常丰富的，这里仅举主要的公共价值观作说明。

这里所说的公共价值观主要就国家内说的，有时也指全球和全人类的。

公共意识是公共价值观的重要内容和主要表现形式之一。任何意识都是对存在的反映，并且这种存在不是抽象的存在，而是生活实践中的具体存在，个体意识是这样，群体意识也是这样。公共意识是指在公共生活中，公众对公共对象和公共客体的共同反映和认识，也即对公共对象和公共客体所形成的共识。公共意识形成主要取决于公众的公共生活，在公共生活中，公众有着共同的需要，面临着共同的客体，要解决着共同的矛盾和问题，从而会形成相同或大致相同的认识，这就是公共意识。

公共意识之所以是公共的，是因为这种意识不是某人所固有和独有的，而是所有个人即公众共有的，是公众的共有意识和集体意识甚至是类意识。当然，公共意识并不否定和消灭个体意识的差异和特性，而是大力提倡和鼓励个人意识的个性风格，它只不过在众多丰富多彩和各具个性的个体意识中，抽取其相同或大致相同的内容，加以整合和提炼，最后上升为公共意识。可见，公共意识要奠基于和依赖于个体意识，没有个体意识就不可能有公共意识。但公共意识又不是对个体意识的机械相加，而是对个体意识的整合和建构，从而在形态上高于个体意识，进而在特性上优越于个体意识，在作用上大于个体意识。

环保意识、节能意识、保护野生动物意识和爱护公物、热爱集体、助人为乐、好善乐施、与人为善、热爱和平、追求真善美、尊老爱幼等意识，都属于公共意识。

公共意识是公民社会所必须具有的意识，是维护社会稳定，促进社会进步与和谐，实现社会公平正义的重要条件，这就要求每一个体除了个人独有的意识外，还必须有公共意识，这样才是一个合格的公民。

公共意识主要是一个认识论范畴，它表征的是公众的认识和认知，但公共意识又毕竟体现和内蕴着公众的价值诉求，体现和内蕴着公众的需要、情感和理想，从而，它包含有价值的内容。更为重要的是,公共意识是公共价值观的基础和重要内容,任何价值观都是从认知和意识开始的,最后上升为表达主体价值意愿和需求的意识,即价值观。因此,公共意识就是一种公共价值观。

如果说,公共意识主要是从认识和认知的维度表现着公共价值观,也就是说,公共意识中的价值内容和特性是隐含和内潜的,并且不那么典型,而认识和认知的内容和特性则是显象的、突现的和典型的。那么,公共精神则是公共价值观的最明显、最典型的表现。

公共精神是基于公共意识的一种公众的价值取向、情感诉求、理想追求以及公共性格和公共品质的展示和显露。像公共意识一样,公共精神依赖于公共生活,公共生活中的共同客体和主体的共同需要,是公共精神形成的客观基础,并且,公共意识是公共精神形成过程中的重要环节。

公共精神也像公共意识一样,不是个体精神的机械加总,而是对无数个体精神的整合、提炼和构建而形成的。因此,公共精神同个体精神是相融洽的,个体精神除包含有公共精神的内容外,还保留有自身的独特内容和特性。但公共精神在形态上要高于个体精神,在特性上优越于个体精神,在作用上要大于个体精神,它是一个民族、国家乃至人类强大的精神力量,是民族或人类的精神家园、形上追求和情感寄托。

人类的普遍精神如平等、博爱、公平、正义、爱憎、真假、善恶和美丑等观念都是人类的公共精神。民族信仰和信念、民族传统文化、民族风尚和民族精神等是国家的公共精神。公共精神不是一般的认知和意识,而是渗透了主体的需求、愿望、理想和追求,从而,公共精神是一种价值认知和价值意识,是一种价值观。

公共精神是整个民族乃至全人类共同拥有的精神,它属于整个民族或全人类，它不能被任何个人所独有或独占。因此，公共精神不是个人价值观，而是具有普遍性的公共价值观。

普适伦理精神或普适伦理观是公共价值观另一重要内容和表现。伦理是处理人与社会、人与人以及人与自然之间最基本的准则，其目的在于维护人与人、人与社会以及人与自然之间和谐共赢关系。伦理观念或伦理精神就是对伦理关系和伦理准则的反映和建构。任何人都有自己独有的伦理准则和伦理观念，这是伦理准则和伦理观念的个性，但不同的个人、不同的群体，甚至全社会和全人类会有相同和相似的伦理准则和伦理观念，这就是普适伦理和普适伦理精神。因为，人与人、人与社会以及人与自然的关系有相同和相似之处，从而处理这些关系的准则也有相同和相似之处，其目的都在于维护人类社会的和谐，维护社会和自然的和谐。可见，普适伦理就是公共伦理和公共价值，它存在于人类公共领域，而普适伦理精神就是公共价值观，这种公共价值和公共价值观不只对某些人有约束力，不只是部分人的行为规范，而是对全社会所有民众甚至全人类都具有普遍的约束力，是全社会所有民众甚至全人类的共同的行为规范。

企业文化、团队精神、校风校纪、社会风貌、乡规民俗等等都属于群体的公共价值观。

3.公共价值观的主要作用

公共价值观像个人价值观一样对人的行为具有选择、指引、定向、调节、校对和评价作用，提供大众的精神家园和精神寓所，给民众以心灵安慰，精神寄托和崇高信仰，这同个人价值观的作用是大体一致的。不过，公共价值观的这些作用，在作用的范围和力量上又要远远大于个人价值观。因为个人价值观的作用一般只限于个人，它的作用力和影响范围都是很有限的。而公共价值观的作用范围是非常大的，小到群体，大到民族及国家乃至全人类。正由于作用的范围广，从而产生的效能和影响的力量大，这其中会发生重叠效应和交互影响效应，就是说，公共价值观在这一群体里产生影响后，会通过各种渠道和方式传播到其他群体，其他群体又传播到另外的其他群体，同时，这种作用和影响又是双向的，其他群体的公共价值观也会传播到这一群体，这样就产生了重叠效应和交互影响效应，重叠效应和交互影响效应的效果要远远大于单一效果的加总。由于公共价值观作用的这种交互影响，一传十，十传百，很快就能在全社会传播开来，并产生全社会的作用和影响。公共价值观的这种重叠效应和交互影响效应所产生的积极作用是任何个人价值观无法比拟的。

公共价值观的作用集中表现为对公众的指引、激励和整合[①]。

价值观对人的指引作用。价值观就是人的需要、愿望的表达，目的和目标的取向，从而，价值观对人的行为具有指引性，价值观的指引性实质上就是人活动的目的、目标和愿望对自身行为的导向和定向。价值观有个人价值观和公共价值观之分，公共价值观又可分为群体公共价值观和社会公共价值观。

个人价值观和公共价值观都对人有指引和导向作用，但个人价值观指引的是个人自我本身，而公共价值观指引的是共同体内的所有成员甚至是全社会所有公众，显然，公共价值观的指引性比个人价值观的指引性任务要繁重，过程要复杂，成果要显著。

公共价值观是对全体成员的指引，同时只有大多数成员受公

①参见韩震主编：《社会主义核心价值体系研究》，北京：人民出版社 2007 年版，第 78-90 页。

共价值观的指引，公共价值观的指引才是有意义的，也才是有成效的。公共价值观的指引是通过共同体内各个个体的指引而完成的，而各个个体也有自己独立的个人价值观，并同时也在指引个人的行为，这样，个人的行为就受着公共价值观和个人价值观的双重指引。然而，公共价值观和个人价值观往往不可能完全一致，有时甚至是完全对立的，当公共价值观和个人价值观发生冲突时，主要原因大多数在于个人价值观，因为个人价值观只涉及个人本身的事情，它的形成和变化比较容易，也相对容易出错误。而公共价值观涉及的是公共整体的事情，它的形成和变化牵涉的面比较广，也比较困难，也相对比较正确和合理。当公共价值观指引公众行为同个人价值观的指引发生冲突时，公共价值观要努力去转化、提升个人价值观，转化那些错误的、不合理、也难以兑现的个人价值观，提升那些水平欠佳、有待提高的个人价值观。当然，公共价值观在转化、提升个人价值观时，不是完全取消个人价值观，而是在保留个人价值观特色的同时，用公共价值观去充实、提升个人价值观，以便使公共价值观在共同体内成为大多数人的价值观，成为个人价值观中的大部分内容，只有这样，公共价值观才能起到应有的指引作用。

公共价值观的指引作用还在于调控、校正和纠偏人的行为的方向。在共同体活动过程中，个人行为有偏离共同目标的可能，只不过是偏离有大有小，有强有弱而已。在这种情况下，公共价值观需要对那些偏离公共目标的个人价值观进行调控、校正和纠偏，以便使这些个人价值观重新回到公共目标的轨道上来。

公共价值观也能自我调控、自我校正和纠偏。我们认为，公共价值观的合理性要大于个人价值观，但并不等于公共价值观绝对合理，绝对不会偏离公共目标。由于受各种因素的影响，公共价值观有可能偏离公共目标,往往是有识之士最先发现公共价值观的偏离,这种识见达到多数人的共识,并采取措施就能纠正公共价值观的偏离,使之朝既定的目标前行,公共价值观的这种纠偏是一种自我纠正,因为它是凭借公共体内部的力量发现和纠偏的。

公共价值观对个人价值观的转化、提升、调控、纠偏以及自我纠偏,都是公共价值观指引作用的重要表现。

公共价值观的激励作用。公共价值观的指引作用主要是给公共价值共同体指明前进的方向,而达到预期的目标。公共价值观的激励作用主要是给公共价值共同体提供动力,使其更富有动力和活动,高成效地早日达到既定的价值目标。价值共同体内的成员的能力和觉悟总是有差异的,有先进的也有后进的,有优势的也有劣势的,大部分属于中间状态,为了促使价值共同体整体更优,就必须对共同体成员进行激励。

公共价值观的激励作用有两种方式，一是通过奖励先进达到激励价值共同体的目的;二是处罚落后达到激励价值共同体的目的。前者主要用物质和精神奖励的方式鼓励先进更上一层楼,使先进更先进。奖励先进的目的不只是奖励先进,更是发挥先进的示范效应和榜样作用，使价值共同体所有成员都向先进看齐,以先进为榜样,最大限度地发挥自己的才智和力量,为早日达到共同体的价值目标而努力。对于那些有意偏离价值目标又不思进取的成员要给予一定的处罚,既有物质上的处罚,更有精神上的批评教育。对后进和落后成员的处罚、批评教育主要目的在于使后进成员不再成为后进,鼓励成为先进,同时对其他成员进行警示,预防其变为后进。

在价值共同体内,先进和后进成员都是少数,大部分成员处于中间状态，这大部分成员有上升为先进或下降到后进的可能,为了预防这部分成员下降为后进，也为了鼓励这部分成员上升为先进，公共价值观的激励和处罚作用也主要在于这部分成员上，并对他们是一种预防和预警。

不管公共价值观对什么具体成员进行奖励和处罚，都能对公共价值体所有成员起到重要的积极作用，有效配置公共体的资源，加强价值公共体的统一和优化，激发公共体的活力，尽快、尽早和尽好地达到公共体的价值目标。

公共价值观的整合作用。公共价值观的激励作用一方面是提供价值共同体进步的动力和活力，另一方面也是进一步整合和凝聚价值共同体，使之进一步团结，形成合力，更好地朝着价值目标前进。

公共价值观的整合作用无非就是尽可能调动共同体所有成员的积极性，心往一处想，劲往一处使，所有成员团结得像一人一样。之所以要整合共同体所有成员，就在于共同体成员的情况各异，要素和能力有别，甚至有些成员思想动摇，信仰危机，心有旁骛，玩物丧志，这就很有必要用公共价值观凝聚人心，巩固价值共同体。

公共价值观的整合作用有四种基本方式：一是强强整合式；二是强弱整合式；三是强中弱整合式；四是转化整合式。强强整合式就是共同体内的强势成员或强势群体的联合，强者愈强，产生强势和倍加的效应。强强联合中的强势成员和群体并不是整齐划一的，而是各有各的强势和各有各的优势，也有各自的缺陷、不足和劣势，正由于此，强强整合就是各优势互补，弱势和劣势就会转变为优势，原有的优势会更优，从而产生优势的叠加效应，更有力地推动着共同体价值目标的实现。

强弱整合式是强势成员和群体同弱势成员和群体的联合，这种整合的最大益处在于以强带弱，以强促弱，强弱整合产生的效益当然没有强强整合式那么大，但却大于单一弱势成员和群体的效益，这是因为有强势的参与，更在于强势帮助、扶持弱势，从而使弱势摆脱掉弱势状态，发挥出比以往大得多的能量。弱势成员和群体也存在个别和局部的优势，通过强弱整合，弱势成员和群体中的优势会弥补和帮助优势成员和群体中的弱势，这样会使优势更加完善，更发挥出优势的作用。强弱整合可能使强势不像强强联合那样产生叠加效益，但却能产生强弱的合成效益，这合成效益是弱势成员和团体原本所无法产生的，强弱整合所产生的合成效益要远远大于强弱各自产生效益的总和。因此，强弱整合是有必要的，也是很有成效的。

强中弱整合式是价值共同体内强势成员和群体、中间态势成员和群体以及弱势成员和群体的联合，在这一整合过程中，强势成员和群体既可以帮助、提携弱势成员和群体，也可帮助和提携中间态势成员和群体。另外，中间态势成员和群体既受强势成员和群体的帮助和提携，同时也帮助和提携弱势成员和群体。从而，既使中间态势成员和群体得到提升，也使弱势成员和群体得到提升，使它们发挥出的作用大于以往。

强中弱整合实质上在于它们的优势互补，再大的强势成员和群体总有它的不足和缺陷，只不过它的优势大于劣势，再弱的弱势成员和群体也会有它个别或局部优势，不过它的劣势大于优势，中间态势成员和群体的优劣势大致处于平均或平衡状态。在进行强中弱整合前，要认真分析它们各自的优势和劣势，并进行对照，找出谁的优势对应谁的劣势，反之也一样。然后再进行优劣势的组合，这样，劣势在优势的扶持和作用下会得到提升，告别劣势，进入中间态势，以后还有可能进入优势队伍。

强中弱的有序整合和优化配置，会发挥出大于各个体的潜能和能量，对于价值共同体的凝聚和整合，对于公共价值观的作用，对于价值共同体的发育、培养和进步，对于早日实现价值目标等都是具有重大意义的。

转化整合式是用公共价值观教化、感化和转变价值共同体内与共同价值观相蜕变的个体价值观以及教化、感化和转变价值共同体外的个体价值观，从而价值共同体更加纯洁和壮大。公共价值观是价值共同体的需要和利益诉求，而价值共同体是用公共价值观相维系的具有高度统一性和一致性的个体联合体，在共同体内，各成员的价值观是大体一致或本质上一致的。但随着共同体的发展，会出现新情况，有些个体价值观同共同体的结合更加紧密，对公共价值观更加认同和内化，但也有的个体价值观同共同体不断疏远，个体价值观也不断脱离公共价值观，甚至蜕变为公共价值观的反面。面对这一情况，公共价值观需要对这一个体价值观加以引导、教化、感化和转变，重新回到价值共同体中来，重新与公共价值观保持高度一致。当公共价值观经过努力仍无效时，则把这蜕变的个体价值观从价值共同体和公共价值观中清理出去，以纯洁价值共同体和公共价值观。

公共价值观的转化整合还在于对价值共同体和公共价值观以外的个体价值观进行团结、教化、感化和转变，使之成为价值共同体和公共价值观的一员。我们知道，社会价值体系是由无数的群体价值和个体价值构成的，其中大多数个体价值和群体价值能有共同的价值内容和价值特性，从而组成社会和国家层面的公共价值和公共价值观，但也少数的个体价值和群体价值其内容和性质同公共价值观相异而不能进入公共价值观中。这时，也需要公共价值观对这些个体价值观和群体价值观进行教化、感化和转变，尽量使它们同公共价值观相一致，团结和同化它们，使它们成为公共价值观中的一员或一部分，不断壮大公共价值观的队伍，扩大公共价值观的规模和影响。

公共价值观的整合作用决不是把价值共同体整合成单一和同质的东西，而是以公共价值观为基础并为前进的方向，只要符合公共价值观的要求，并在公共价值观的指导下，价值共同体各成员和群体的行为都是可行的，也将都是富有成效的。这就是说，公共价值观既提倡共性，并在共性的基础整合价值共同体，朝着共同的价值目标前进；又鼓励个性特征，各价值成员和群体尽可能发挥出各自的优长，发挥出各种潜能和创造性，这些都符合公共价值观的基本要求，也有利于共同价值目标的实现。

总之，公共价值观的指引作用、激励作用和整合作用都说明了公共价值观是社会公众相互联系的纽带、桥梁和平台。在民族和国家内，有共同的地域、语言、资源、生产方式、政治制度、文化传统、风俗民情和共同的信仰等，正是这些共同因素把民族和国家内不同的群体和个人结合为一个共同体，组合成一个国家和社会，从而以上因素就成为了联结群体和个人的纽带、桥梁和平台。可见，联结民族和国家及社会公众的方式有许多种，其中共同需要、相同愿望和共同信仰等这些公共价值观是联系社会公众的重要精神方式、纽带、桥梁和平台。正是公共价值观的存在和联系，不同的群体和个人不仅彼此相互认同，而且又统一认同公共价值观，从而，公共价值观成为他们共同的情感寄托和精神家园，进而联结成国家和社会。

三、社会主义公共价值与公共价值观

社会主义公共价值同其他社会形态的公共价值相比，在涵义、内容、结构和特性上基本是一致的，不过，由于社会性质不一样，社会主义公共价值又具有自身的独特性。

1.社会主义公共价值

社会主义公共价值是指由社会主义国家或各种社会组织提供给人民群众的各种公共产品和公共服务，在满足人民群众的公共需要和获取的公共利益，在表达和实现人民群众共同愿望的过程中，所体现和表征出的公共产品、公共服务和人民群众之间的意义和效用关系。公共环境、公共安全、公共卫生、公共健康、公共行政、公共财政、公共教育、社会保障体系、公共文化、大众传媒等，都属于社会主义的公共价值范畴。

“社会主义的本质，是解放生产力，发展生产力，消灭剥削，消除两极分化，最终达到共同富裕。”①在社会主义社会，作为剥削的阶级已被消灭，国家的一切权力属于人民，人民当家作主。在社会主义社会，国家的利益、党的利益和人民群众的利益在根本上是一致的，“全心全意为人民服务是党的根本宗旨，党的一切奋斗和工作都是为了造福人民。要始终把实现好、维护好、发展好最广大人民的根本利益作为党和国家一切工作的出发点和落脚点，尊重

①《邓小平文选》第3卷，北京：人民出版社1993年版，第373页。

人民主体地位，发挥人民首创精神，保障人民各项权益，走共同富裕道路，促进人的全面发展，做到发展为了人民、发展依靠人民、发展成果由人民共享。”①

从社会主义公共价值主体看，其主体的数量和范围比其他公共价值主体更为广泛，在我国改革开放的新时代，公共价值主体是指人民群众，人民群众的范畴以工人、农民和知识分子为主，但又不局限于这些，凡是社会主义现代化建设事业的劳动者、建设者、参与者、支持者和热爱者，都属于人民群众的范畴，都是社会主义公共价值主体。

我们知道，公共价值主要是指国家说的，其主体主要指国内的民众和公众，也即国民或公民，其价值客体也主要指国内的公共产品、公共服务和公共环境等，当然，在全球化浪潮的激荡下，公共价值决不能孤立和封闭于国家内，而是要扩展和延伸到国际，扩展和延伸到世界各国，但公共价值的根基和平台仍是国家的。

社会主义公共价值主体也不例外，除本国的国民和公民外，还包括参与、支持和热爱社会主义的国外人士，并且也包括在本国工作的国外人士。这就是，社会主义公共价值的主体包括国内的所有公民，还包括部分国外人士。就中国来说，社会主义公共价值主体是指人民群众，包括（极少数犯罪分子在服刑期间，剥夺了某些权利和价值，但仍享有最基本的权利和价值）所有中国公民、港澳台同胞、海外侨胞以及在华工作和居住的外国人士。公共价值主体范围之广，是其他社会公共价值主体无法相比的，因为，中国人口众多，华侨又遍布世界各地，社会主义公共价值的大众性是

①胡锦涛：《高举中国特色社会主义伟大旗帜为夺取全面建设小康社会新胜利而奋斗——在中国共产党第十七次全国代表大会上的报告》，北京：人民出版社 2007 年版，第 15 页。

非常广泛的。可见,社会主义公共价值主体既立足本国,又面向海外和国外。

从量上看,社会主义公共价值主体即人民群众的范围比其他社会形态要广泛得多,是人数最多或较多的主体;从质上看,社会主义公共价值主体的力量也是其他公共价值主体无法比拟的,主体范围之广,人数之多,其力量也强。更主要的是,在社会主义社会,作为剥削阶级已不存在,人民当家作主,人人享有基本权利和履行基本义务,社会主义制度保障了社会的公平和正义,人民群众建设社会主义现代化的热情高涨,人民群众的能动性和创造性能得到充分的发挥,有力地推动着当代中国特色社会主义建设的发展。

不管是量上还是质上,社会主义公共价值主体是范围最广、力量最强的主体。

社会主义公共价值客体也是非常广泛的,也就是说,党和政府提供给人民群众的公共产品和公共服务是非常丰富的，包括政治、经济、文化以及社会生活的各方面。政治权力是为人民群众谋福利的,权为民所用,利为民所谋,公民有选举权和被选举权,公民有权建议、监督、批评和评价各级政治权力的运行,有权监督行使各级政治权力的国家官员和公务员。社会主义社会是法制与民主的社会,在法律面前人人平等,中央政府的路线、方针、各地方政府的各项政策和制度的制定先要征求人民的意见,然后经集体讨论再最后定案,路线、方针、政策和制度制定出来,还要通报各民主党派,征求他们的意见。路线、方针、政策和制度的实施最初在局部试行,取得成功的经验后,经过修改和完善,最后才在全国推广。这些,充分体现了社会主义的民主政治,充分体现出了人民当家作主,充分体现了社会主义政治权力的公共性和为人民性的特点。

在经济上，社会主义宪法明文规定，公民有劳动的权利，有在劳动后获取相应报酬的权利。社会主义国家要尽力给劳动者提供就业机会和就业岗位，对不同性别、不同年龄的劳动者，对不同岗位和不同职业不应有任何的偏见和歧视，劳动者在劳动岗位和劳动报酬面前是一律平等和一视同仁的。近年来实行的聘任和竞争上岗，进一步体现了这种平等性，不管你的性别、民族、信仰、家庭出身和社会背景如何，只要你更能胜任这一职务和职业，你就能被聘任和上岗。这里需要说明的是，劳动者在劳动岗位和劳动报酬面前的一律平等，并不是平均主义的一律平均，而是根据劳动者的能力而言的，不同能力的劳动者在不同的岗位上，提供给社会的劳动量和质是不一样的，从而从社会获取的劳动报酬在数量上也是不一样的，这是符合劳动平等的原则，并且是这一原则的本质体现，因为劳动平等原则指的是劳动机会向所有劳动者敞开，劳动者平等、公平地竞争同一职务和职位，等量劳动获取等量报酬。

在社会主义社会，经济上的公共产品和公共服务除了公平地给劳动者提供职业岗位和劳动报酬外，还要研发关键技术来武装各产业，培育和生产核心产品，这些关键技术和核心产品既是一般的公共产品的支撑，也是国民经济的支柱产业；既是影响经济社会发展的关键因素，也是国际竞争的有利筹码。因此，这些支柱产业和核心产品在社会的经济发展中，在人民的经济生活中，在公共价值的经济领域中，其地位和意义更为重要。

在社会主义社会，文化上的公共产品主要指人民所必需的文化产品和文化服务，如大众出版物、电视广播的覆盖、图书馆、文化宫、博物馆、展览馆、影剧院等文化娱乐场所。作为公共产品的文化产品和文化场所不能以经营的方式而应以服务的方式向民众开放,其目的不是赢利,而是提高国民的文化素养,因此,这些文化产品和文化场所的运营成本主要由政府承担,消费者不承担或只承担很少部分。在社会主义社会,要大力提倡各种文化公益活动,继续深入开展"三下乡"活动和"送戏"下乡活动,使经济文化比较落后地区的民众也能得到基本的文化享受。民间民族文化是活跃于民间乡村的重要文化形式,它更具有传统性、民众性、生活性和自娱自乐性,民间民族文化无须多大的投入,只要有效地发动和组织民间的力量就能蓬勃地发展起来,并产生良好的效果。因此,有效地开展民间民族文化活动,是丰富文化公共产品,满足民间文化需要的一种重要方式。

在社会主义社会,义务教育是典型的公共产品和公共服务,义务教育是适龄青少年接受基础教育的基本权利,是关系到国民的整体文化素质和国家后继有人和兴旺发达的战略问题。在社会主义社会,要搞好义务教育,努力做到学有所教,因此,各级政府一定要花大力气、加大投入地搞好义务教育,政府要保障每一个适龄儿童都能上得起学,上好学,决不能出现因为家庭贫困而上不起学或辍学的现象。义务教育决不只是个人和家庭问题,而是国家和社会的发展问题。因此,政府义不容辞地要负担义务教育的成本,担当义务教育的重任。要做到这一点,要优化教育资源,让优秀的高校毕业生充实到中小学教师队伍中,提高中小学教师的整体水平;有效配置教育资源,优化教育结构,鼓励教师合理流动,鼓励有丰富经验、精通业务、有奉献精神的优秀教师到下一级中小学轮岗和任教,使中小学整体均衡地又好又快地发展,使不同中小学的所有学生都得到优质的教育,造就和培养好有合格的劳动者和可靠的接班人。

在社会主义社会，民生产品是公共产品和公共服务的重要组成部分,并且是最基本和最基础的组成部分。所谓民生产品和民生服务是指政府保障民众最基本生存和生活所提供的社会保障产品和服务,包括医疗保险、养老保险、社会救济和公共卫生等方面的产品和服务。民生产品的数量和质量如何,反映出民众基本的生存和生活保障状况如何,也反映出政府的民生政策和社会福利状况。在社会主义社会,以人为本已成为治国的重要理念,每一个公民都能得到基本的医疗保险和养老保险,有特殊困难的人员还能得到政府和社会各界的救济,做到病有所医,老有所养,老有所乐,住有所居,人人享受基本生活保障,人人享受基本医疗卫生服务,这些保证了民众的基本的生存和生活。

社会主义公共价值同其他社会的公共价值一样都具有公众性、大规模性、民众参与性和非市场性等特征,但在社会主义社会,由于消灭了阶级剥削和阶级对立,其公共价值的特征能较充分地显现出来,真正体现了它的大众性和人民参与性,真正体现了它的为人民服务和人民大众的价值取向。而在阶级社会,其公共价值的大众性往往被阶级性所取代和遮蔽,从而其大众性是虚假和虚伪的。

2.社会主义公共价值观

社会主义公共价值是社会主义公共价值观形成的客观基础,社会主义公共价值观是对社会主义公共价值的反映和建构,是社会主义公共价值的观念积淀。

社会主义公共价值观像其他所有公共价值观一样，表现为公共意识和公共精神,并且同其他的公共意识和公共精神有许多共同之处,但由于中国特色社会主义的本质属性和中国特色社会主义建设的根本任务,中国特色社会主义公共价值观有自身独特的内容。

中国特色社会主义公共价值观主要包括爱国主义情感、集体主义和审美观等。

爱国主义情感是对自己的祖国怀着深深的眷念和无比热爱的感情。爱国主义情感实质是主体在认知和情感上对祖国的认同和识别,人是复杂的存在物,他有自然生理的规定性,也有社会、民族的规定性,还有文化的规定性,人对同自身相同的东西会产生认同和识别,这不仅是一个自觉的过程,也是一个自然而然的自发过程。社会主义中国的所有公民都传承着共同的中华文化和中华文明,我们遵循着同样的行为规范,我们共同为了美好明天辛勤地劳作。可以说,人的特征和规定与祖国的特征和规定是相同和一致的,正由于此,人才会产生对祖国的认同和识别,才会产生爱国主义情感。爱国主义不只是政治宣传的主张和术语,更是人内心的情感归依、情感认同和取向,无怪乎,生活在海外的华人,他们生活在不同的政治制度下,但对祖国的爱和向往却始终未改变,其根本原因是其血缘和人种、其文化和生活习性仍然是中华民族的。所以,爱国主义情感不简单是政治的认同,更是文化和血缘的认同。

爱国主义情感既是个人情感,更是民族情感,单个人的情感和需求称不上某某主义,只有集体的、民族的和全国性的事情才能冠以某某主义。爱国主义情感是全民族和全国人民的情感,面对自己祖国的大好河山、历史文化和现有的社会状况会产生一种眷念和热爱的感情,这就是民族的和大众的情感。

热爱家乡是爱国主义的具体表现, 家乡是人出生和成长的地方,“一方山水养一方人” 说的是家乡和故土不仅养育了人的成长,而且也造就了人的品质和性格。人的儿时记忆是最深的,儿时的天真和无邪,儿时的快乐和嬉戏,儿童在家乡度过了快乐的时光,儿时在家乡的印象深深地烙在人的心灵,使人终生难忘,产生一种追忆童年、怀念家乡、怀念故乡亲人的感情。

中国传统社会是以农耕为主的生产方式维系的,社会生活的各个方面都是为这种生产方式服务或是深深地打上了这一生产方式的烙印。农耕社会的本质特征就是把广大农民束缚在土地上,禁止迁徙和流动,从而农民视土地如生命,这既产生了农民的封闭意识,也造就了农民故土难移、热爱家乡的情感,从而思念故乡、乡愁就成为中国人的一种普遍情感,成为文人创作的主要题材。

这种对家乡的爱同对祖国的爱结合在一起,形成了爱国主义情感的丰富内涵。情感表征着人的价值观念和价值取向,所以,从价值的角度说,爱国主义情感实质是一个国家和民族的公共价值观。

集体主义是社会主义公共价值观的又一重要内容，集体是许多人共同生产、生活和休闲而聚集的群体。人群共同体可以自发形成,自发形成的人群共同体是临时和松散的,也没有一定的机构来组织这一共同体或团体,如共同场所聚集的人群。但大多人群共同体则是自觉地形成的,即是有计划、有目的地建立起来的,并设置有组织机构来有效管理人群共同体,我们称这种人群共同体为集体。集体同松散的团体不同,它是相对稳定的,并常设有组织机构,并在政府部门备案注册的,如政府机关、学校、工厂、公司、群众性组织、民间团体、社区等。

集体就是由共同的地域、共同的生产和生活、共同的职业、共同的爱好兴趣等,并通过一定的组织机构和规章制度为纽带而组成的人群共同体或社群。人类产生时就有了集体,原始的部落和氏族实质上就是最早的集体,不过这原始集体是靠血缘为纽带而维系的。人类进入文明时代后,集体主要靠地缘、业缘和阶级的维系而形成的,并且集体的形式各种各样,规模不断扩大,内容不断丰富,性质不断复杂,集体的这一演化是社会发展的重要标志。

社会主义社会的集体不再靠阶级来维系,而靠地缘、业缘和共同的兴趣和理想来维系,从而就不具有阶级性。与阶级社会的集体不同, 社会主义社会集体同国家和个人是一种和谐的关系,集体需要国家的管理和调控,集体内的个人是平等、互助和共享的,集体利益和个人利益是根本一致的。

集体主义就是关于集体以及国家与集体、集体与个人关系所形成的观点和看法。

集体主义认为,集体是无数个人利益的共同表现,集体远大于个人抵御各种风险和灾害的能力,同时,集体为个人的发展提供各种机遇,集体是个人发展的平台,个人依赖于集体。同时,集体又是由个人组成的,没有个人就没有集体,但集体又不是个人的机械相加,而是对个人的有机整合,从而集体的效能大于个人效能的总和。在社会主义社会,国家利益、集体和个人利益在根本上是一致的,即使出现一定的差别也是非对抗性的,是可以通过国家和集体的调节解决的。因此,社会主义集体主义要求我们融入集体中,为集体、为国家做有益的事情,在集体中发挥自己的聪明才智,在集体中求得自己的发展。同时,集体也要尽可能兼顾所有个人利益,为个人的发展创造更多有利条件。

集体主义认为,集体要维护和发展个人利益,个人要维护集体的利益和荣誉,既要反对专制的集体主义,也要反对极端的个人主义。当国家利益、集体利益和个人利益矛盾时,要从大局出发,优先服从国家利益和集体利益,但要尽可能兼顾个人利益,使国家、集体和个人利益最大限度地统一起来。

集体主义不仅是认知上的观点和看法，而且也是一种情感，即个人对集体的热爱。个人总是生活在一定的集体中，得到集体的呵护和照顾，长此以往，便会产生一种对集体的依恋和热爱的情感，一旦暂时离开集体，会感到孤独和失落，回到集体像回到家的感觉，不再感到孤独和失落。

在社会主义市场经济条件下，由于利益主体的多元化，尤其是个人责任、义务和利益的突现，个人主义思想有些抬头，集体主义思想和情感有些被边缘化，这是社会变革期和转型期不可避免的现象。但我们也要有所警觉，不能把个人地位、个人权利和个人利益从国家利益和集体利益中抽离出来，更不能把个人利益凌驾于国家利益、集体利益和人民利益之上，反对极端个人主义。一定要把国家利益、集体利益和个人利益有机地结合起来，事实上，离开国家利益、集体利益甚至损害国家利益和集体利益，是不可能实现个人利益的，因此，我们要把集体主义和合理的个人主义统一起来。在当今社会主义市场经济条件下，积极宣传集体主义，树立集体主义的思想，培育集体主义的情感尤为重要。

公共道德是社会主义公共价值观的重要内容，公共道德即公德是不同的人或人群在共同的生产和生活中人人应该遵守和履行的行为准则和行为规范。如热爱集体、尊老爱幼、与人为善、互助友爱、诚实守信、爱护公物、维护共同秩序、维护共同卫生、遵纪守法、善待自然等行为规范都是社会主义公共价值观所要求的。

在中华民族几千年的发展过程中，人民在改造自然和社会的实践中，逐渐产生了正确处理人与自然、人与社会及人与人之间关系的行为准则和道德规范，这些道德规范具有民族普遍性和公共性，属于社会公德的范畴，这就是说，社会公德不是对某些个人或群体的要求，而是对全民族、全社会所有人的要求。同时，有些社会公德还具有普世的意义,即可以成为全人类的道德规范。

社会公德之所以是要求全民普遍遵守的道德规范,就在于社会公德的标准具有基础性,是底线伦理或底线道德,就是说,社会公德并不是形而上的向彼岸世界的向往,也不是崇高理想和高远人生境界的追求,而是维持现实生产和生活秩序所要求人人必须做到的最基本的行为准则,否则,社会生产和生活将失范,人民无法进行正常的生产和生活。同时,作为底线伦理的社会公德标准不高,是人人能做到的,不管是知识分子还是文化不高的人,不管是城市居民还是农村居民,不管是老板还是职员,不管是富人还是穷人,不管是国家官员还是普通百姓,都能履行社会公德,都能以社会公德规范自己的言行。

在建设中国特色社会主义的当代,我们既要结合当代实际创建新的道德规范,又要继承中华民族优秀的传统伦理道德,也吸收国外优秀的道德规范,形成当代中国的伦理道德,形成当代中国的社会公德。我们清醒地意识到,在社会转型期,有些传统的社会公德需要赋予新时代的内涵,如对集体和个人的理解。传统观点认为集体在任何时候都高于个人,个人无条件地服从集体。在当代,集体和个人就有了新的内涵,集体是个人发展的平台,在强调集体利益的同时,也强调个人的权利,集体和个人是双向互动和双赢的关系。另外,在互联网高度发展的今天,网络伦理和网络道德就成为当代社会公德的重要内容。

社会公德存在的范围广,影响和作用大,是维护公共秩序和社会的发展的重要软实力,这种软实力发挥出硬实力所不具有的作用和威力。

社会公德的作用也具有普遍性和公共性,它不是只对少数人或社会的局部发挥积极作用,而是对全社会大多数人或社会的全局发挥积极的作用，满足全社会和人民大众的需要，从而，社会公德是作为公共价值和公共价值观而存在并发挥作用的。中国特色社会主义建设包括社会公德的建设，一方面我们要继承和发扬传统的社会公德，继续发挥它们应有的作用，另一方面，要结合当前的社会现实，构建社会公德新形态，尽可能地发挥社会主义公共道德的软实力的作用，为社会主义核心价值体系建设添砖加瓦。

共同的审美观也是社会主义公共意识的组成部分，一谈到审美，就会想到审美的主体性、特殊性和差异性，不同的历史时期审美标准发生着不同的变化，就是在同一历史时期，不同的个体有不同的审美标准，面对同一审美对象，会产生不同的美感，真可谓是一千个人读莎士比亚的《哈姆雷特》就会产生一千个不同面孔的哈姆雷特。

但我们也要看到，审美既有个性，也有共性，个性和共性总是共存于审美活动中，面对同一美的事物，不同的人所体验到的美和产生的美感不尽相同，但都会说，这是美的，这就是审美的共性。一千个人读出一千个哈姆雷特，但毕竟都读出了哈姆雷特，而不是读出了一千个某某雷特，这就是审美的共性或共同性和共通感。这是从引起感官愉悦的美或是纯粹的美而言的，如果从心灵美和行为美等社会的角度来看待审美，那么共性美就更多了。在社会生活中，我们总是从道德的意义上把高尚的人的言行举止称之为美的，能给人心灵的震撼和美的愉悦。

之所以有共同审美观的存在，就在于我们有共同的审美标准，有相同的审美情趣，而这共同的审美标准和相同的审美情趣是在共同的生产和生活实践中形成，是在共同的社会环境和文化氛围中积淀和熏陶而成的。

社会主义的共同审美标准和审美情趣是作为社会主义的公共

意识和共同精神而存在的，也是作为社会主义的公共价值观而存在的，我们要树立高尚、健康的审美情趣和审美意识，并为美好的社会和美好的人生而奋斗。

作为社会主义公共价值观的公共意识和公共精神的内容还有许多，如环保意识、民主观念、法制观念和公民道德等。

社会主义公共价值观也像其他社会形态的公共价值观一样，具有选择、指引、定向、调节、校正和评价作用，及对公众的指引、激励和整合作用。不过，社会主义公共价值观的这些作用表现得比较充分和合理，这是由社会主义公共价值的特性所决定的，就是说，社会主义公共价值观能真正对个人和集体起指引、激励和整合作用。

第三章　核心价值和核心价值观

价值和价值观是紧密地联系在一起的，价值体系就是由各种各样实存价值和对实存价值反映、建构的观念价值即价值观构成的系统。同样，各种各样实存公共价值和对实存公共价值反映、建构的观念公共价值即公共价值观的有机整合就构成了公共价值体系。核心价值和核心价值观是公共价值体系中的最主要成员，那么，各种各样实存核心价值和对实存核心价值反映、建构的观念核心价值即核心价值观的有机整合就构成了核心价值体系。因此，我们在论述了公共价值和公共价值观后，就得进一步论述核心价值和核心价值观，这既是对价值论的深化，也是对价值论的具体化。

任何社会的价值体系都是由实存形态和观念形态构成的，价值体系的实存形态是指价值的客观实际存在，公共价值和核心价值的客观存在就属于价值的实存形态；价值体系的观念形态是指价值的观念存在，它是对价值实存形态的反映、建构和总结，价值体系的观念形态也就是价值观，公共价值观和核心价值观就属于价值体系的观念形态。我们先来分析核心价值体系的实存形态。

一、核心价值

作为公共价值之一的核心价值也像公共价值一样，有全人类的核心价值,如民主、正义、自由、发展、和平等,这是人类的共同需要和利益,也是其核心利益所在,同时还是人类的终极理想和追求;有国家的核心价值和群体的核心价值。这里主要就国家的核心价值作些说明,国家构成了特定的社会,那么,国家的核心价值也就是特殊社会形态的核心价值。

1.核心价值的涵义及表现

核心价值是指客体对主体根本需要的满足所产生的效用和意义,是主体根本需要和核心利益所在,也即主体在满足其根本需求和获取核心利益，在表达和实现主体的根本愿望的过程中,所体现和表征的核心客体和主体之间的意义和效用关系。从国家和民族层面说,核心价值主体往往指国家或社会,因此核心价值通常表现在政治、经济、科学技术和文化等领域。

价值、公共价值和核心价值是一种层层递进和上升的关系,核心价值不仅以价值和公共价值为基础,而且其本身也属于价值和公共价值的范围,具有价值和公共价值的特性,但又不能还原为价值和公共价值。核心价值属于特殊的价值和公共价值,在价值和公共价值体系中居支配地位和起主导作用的价值。如果说价值是一个大圆圈，那么公共价值就是价值这个大圆圈中的圆圈,而核心价值又是公共价值这个圆圈中的圆圈。用更通俗形象的比喻说,价值、公共价值和核心价值的关系就像是科技工作者、科学家和杰出科学家的关系一样。需要注意的是,价值、公共价值和核心价值不是个别和一般的关系,一般是对个别的抽象,其本身不是具体的个别。而公共价值不是对价值的抽象,核心价值也不是对公共价值的抽象,价值、公共价值和核心价值都是具体、特殊的价值,只不过它们的性质、地位和作用不同而已。

核心价值的价值主体处于国家层面,即国家主体,国家主体包括着无数的个人主体和群体主体,但它又不是这些主体的机械加总,而是他们的有机统一和整合。国家核心利益包括着广大民众的共同利益,但它把民众的共同利益整合成了国家的核心利益,从而使民众的共同利益在国家的层面上连接成了一个相互依存度更高的整体,并成为民族独立、国家繁荣富强、社会发展进步的核心内容和决定性因素。

国家核心利益就是该国社会发展的根本需求与满足这些根本需求的客体及资源相联系、相结合而产生的效用和效益。国家核心利益是民众的根本利益的集中体现,同时又从战略的高度体现和反映着民众的根本利益,即是从社会的存在、发展与进步的高度体现着民众的根本利益,所以,国家的核心利益与民众的根本利益是息息相关、不可分离的,离开了民众的根本利益就不存在国家的核心利益,离开了国家的核心利益,民众的根本利益就根本得不到体现和保障。

政治核心价值、经济核心价值和文化核心价值等是社会核心价值的主要表现。

政治制度是政治核心价值的根本反映和表征。政治制度是统治阶级为了政治上的统治而确定的政权的运行、制衡以及国家元首的选举和任期的原则和方式的总和。狭义的政治制度指的就是政体。

政治制度的确立取决于社会的阶级构成、历史传统以及政权取得的各种条件和方式,因此,政治制度的确立并不是主观随意的,而是受国内国际许多因素的制约,只有确立符合本国国情的政治制度,其政权才能有效地运转。

不同的社会形态,其政治制度是不同的。奴隶社会的政治制度是人类历史上第一个政治制度,神权学说是奴隶社会政治制度的理论基础,其政权也是按神权理论产生和运行的。封建社会政治制度的理论基础是“朕即国家”和“君权神授说”,其封建政权的组织方式也是按这一学说进行的。资本主义的政治制度是人类历史上最后一个剥削阶级的政治制度,“三权分立制”、“普选制”和“限期任职制”是资本主义社会政治制度的主要内容。社会主义政治制度是人类历史上第一个消灭了剥削阶级的政治制度,人民当家作主是社会主义社会政治制度的本质特征。

任何国家总是要根据一定的政治学说建立自己的政体,君主制是依据封建君权神授理论建立起来的,议会制是根据资产阶级的三权分立学说建立起来的,人民代表制是依据马克思主义的阶级学说建立起来的。因此,不同政治制度的国家信奉不同的政治学说,国家的不同政治制度又是根据本国的历史传统和阶级结构的具体情况而制定的。国家的政治制度和政治体制,国家所信奉和推行的政治学说是其国家的政治核心价值所在,触犯了其政治制度和所信奉的政治学说,也就触犯了其政治核心价值和核心利益。

政治制度是一个国家的政治核心利益所在,它无疑是政治核心价值的主要内容。

政治核心价值还表现在国家领土完整、政权独立、政治法律制度健全、意识形态明确。领土完整从自然地理上标志着该国主权的存在和独立，领土既是一个国家的自然疆域，也是一个国家主权和政权的自然载体，是一个国家政治核心利益和其他核心利益的前提和基础。一个国家如果完整的领土被分割，或者其领土被他国占领，就根本谈不上主权、国格和政权，也根本谈不上其核心价值和核心利益，皮之不在，毛将焉附？

政权是治理国家的政治权力，掌握了政权，就成为了统治者，就掌握了国家的核心权力，就能支配和调控国家权力的运转，政权的颠覆和丧失，就标志着统治者丧失了对该国的统治和控制力，也就意味着该统治者在政治上的消亡。因此，统治者巩固和维护其政权，就是巩固和维护该国的政治核心价值及核心利益。

政治法律上层建筑是巩固和维护政权的保障，也是政权能有效运行的条件。因此，要巩固和维持国家政权，就必须制定和完善政治法律制度以及建立与之相适应的国家机器，有了政治法律制度与国家机器，关键在于政治法律制度的有力执行和国家机器的有效运行。

如果说政治法律制度及与之相适应的国家机器是政权运行的有形条件和保障，那么意识形态就是国家政权运行的无形条件和保障，也即是思想意识上的条件和保障。意识形态是统治者的执政理念和执政策略的思想表达，它同国家权力的运行和政治法律制度是息息相关的，意识形态从思想和理论上为巩固政权、为政治法律制度的合法性大造舆论，用统治者的思想统一广大民众，实现统治者的意志，达到国家的长治久安。可见，政治法律制度、国家机器以及意识形态都可视为国家的政治核心价值和核心利益。

任何侵略别国领土，颠覆国家政权，干涉别国内政，无端指责别国政治法律制度和意识形态等，都是对别国政治核心价值和核心利益的侵犯。同时一个国家要维护本国的政治核心价值和核心利益就必须保护领土完整,坚持主权独立,维护本国的国体和政体,创新、完善和发展政治法律制度和意识形态。

经济制度和经济发展模式是一个国家的经济核心价值的反映和表征,一个国家的经济制度是指统治者为了反映在社会中占统治地位的生产关系的发展要求,建立、维护和发展有利于其政治统治的经济秩序,而确认或创设的各种有关经济问题的规则和措施的总称。一定社会的经济制度是由社会生产力的发展状况所决定的,由于经济制度就是生产关系,所以,生产力决定生产关系,有什么样的生产力,或者说生产力状况如何,就决定或要求有什么样的生产关系;同时,生产力的发展变化决定着生产关系的发展变化。另一方面,生产关系对生产力也有反作用。经济制度构成一个社会的经济基础,它决定其政治制度和社会意识形态,又受到政治法律制度的保护。

经济核心价值和核心利益主要表现在建立在一定经济制度基础上的民族经济的发展和经济发展模式的探索。在经济全球化的今天,世界各国经济已连成一个不可分割的整体,一国经济要想孤立于世界经济外寻求独立自主发展是不可能的,要想发展本国经济只有参与全球化。但经济全球化并不是各个国家走同样的发展道路,采用相同的经济发展模式,而是指各个国家在保持和发展本国民族经济和采用符合本国国情的经济模式的前提下,实行各国资源有效配置和优势互补、信息共享、市场互通,产品互销、利益共赢,共同推动世界各国经济和世界整体经济的发展。

要维护国家的经济核心利益,必须打造科技含量高、附加值高、成本低、节能环保、具有国际竞争力和影响力的拳头产品。要打造国家的拳头产品,又必须集中该国的财力、物力和人力,不断进行制度创新、管理创新和科技创新,尽快打造出该国的拳头产品和核心产品，打造出拳头产品后，还要不断使之更新换代，使之保持国际竞争力和影响力。拳头产品的推出和更新，既是该国经济核心利益之所在，也是该国经济发展模式的孕育和发展。

在科学技术上，核心价值和核心利益主要表现在关键技术的掌握和核心科技成果的获得上。当今的世界是一个全球化的世界，是一个合作的世界，也是一个激烈竞争的世界。一个国家要生存和发展，要维护本国的核心价值和核心利益，就必须以发展经济为龙头而提高综合国力。发展经济和提高综合国力，关键在于人才和科技，创新型人才的培养，关键技术的发明和创造，核心科技成果的获得，就成为发展经济和提高综合国力的重要手段和举措。况且，核心技术和核心科技成果是不能靠引进，也引进不来的，必须靠本国的创造发明。而关键技术和核心科技成果应用于产业部门，就能提高产业的科技含量，节能减排，降低成本，增加附加值，增强竞争力，进而促使产品的升级换代，促进经济的发展。关键技术和核心科技成果装备军队，就能成倍地提高战斗力，对于维护领土完整，保卫主权安全，其意义是重大的。因此，拥有本国知识产权的关键技术和核心科技成果也是该国核心价值和核心利益之所在。

核心价值表现在思想文化上就是国家民众的信仰和具有民族特色的文化资源。信仰是寻找人生的终极关怀和依托，是超脱人世爱憎、美丑、是非、曲直的精神王国和彼岸世界，是获取最大精神愉悦和人生满足的乐园。人若没有信仰就如行尸走肉，浑浑噩噩，虚度一生。民众的信仰就构成了国家的民族精神、时代精神和社会风貌。不同的民族有不同的信仰，大多数民族信仰宗教，也有的民族信仰某种政治学说或自己民族历史上的某种神灵。宗教虽然是现实的虚幻反映，在历史上曾被统治阶级所利用而成为麻醉人民的精神鸦片或被用来进行复仇或发动战争的借口,但就宗教本身来说,它是用来规劝世人行善、好施、除恶、悔过、自新,它能抚慰人躁动、非分的心灵,引导人皈依超现实的精神乐土。因此,信仰是个人或国家的根本精神需求所在,也是国家的核心价值所在,任意诽谤和干涉他人的信仰自由和国家的信仰,等于是干涉他国的文化核心价值。

传统文化和民族精神是国家的文化核心价值,是民族感情、民族心理、民族尊严、民族性格和民族品质之所在,同时也是国格和人格的重要表现,谁要是侮辱和糟蹋民族文化和民族精神,就等于侮辱和糟蹋了该国的国格和人格,侮辱和糟蹋了民族的尊严和感情。因此,要维护民族的尊严和感情,就得维护和发展民族传统文化和民族精神,这也就是维护和建设民族文化核心价值。

2.核心价值的特性和作用

核心价值是价值体系中的重要一员,但它又不是一般的一员,而是在价值体系中处主导地位和起支配作用的一员。在价值体系内部,有层次、表里、时段、大小和规模的不同,各种不同的价值构成了复杂多样、变化万千的价值体系,而核心价值则在价值体系中处主导地位和起支配作用。一般来说,在社会内部,大多数的一般性价值同核心价值是一致或根本一致的,这是核心价值存在的根基,同核心价值不一致或根本对立的价值是极少的,否则,核心价值就难以形成和确立。但核心价值又不同于一般性价值,有其独特的性质。

首先,核心价值的社会深层性和本质性。一般性价值主要涉及社会表层和现象性价值,它们不表征社会的深层结构和本质。而核心价值涉及的是社会的深层结构和本质,社会的政治制度、经济制度和文化制度都是以核心价值为基础的，有什么样的核心价值就会建立与之相适应的政治制度、经济制度和文化制度。因为，核心价值是国家和社会的政治、经济、科技、文化、资源等核心内容和核心利益所在，核心价值不是社会的现象性和表层性价值，而是根本性和关键性价值，它已深入到社会的本质和内部，决定着社会的根本性质和发展方向。因此，核心价值同社会的根本性质是紧密地联系在一起的，一个国家如果没有构建和掌握自己的核心价值，就等于没有形成其社会的本质和特色，也就还没有形成其社会和国家。与此相适应，一个国家充分显示了其社会本质和特色，也就构建和掌握了自己的核心价值。可以说，核心价值是社会本质得以支撑、表现和延续的客观现实基础，社会本质在特征上也表征着核心价值的存在，有什么样的核心价值就会有什么样的社会本质。

其次，核心价值的内核性和轴心性。核心价值不能孤立存在，它必须同其他许许多多的一般性价值同时存在，并共处一起，共同构成一个社会、一个国家的价值体系。同时，核心价值也不是孤立和单一的，它有丰富的内容，核心价值也是一个体系。不过，在复杂庞大的社会价值体系中，这些不同的价值并不是等量齐观和平列铺开的，而是有主有次、有中心和边缘之别的。因为任何一个体系实质上都是一个系统，而任何系统都要有一种核心力量来维持其各种子系统和现象，而这些社会子系统和现象都受制于该社会的核心力量即社会的本质和规律，都受制于该社会的战略发展。正是基于社会本质和深层结构，核心价值和一般性价值就能结合在一起，这结合的要素和力量就是核心价值。

从核心价值的这种作用，就可看出核心价值的地位。在价值体系中，核心价值处于中心、内核和轴心的地位，价值体系是以核心价值为中心建立起来的,一般性价值都以核心价值为内核和轴心而铺开的,处于核心价值的周围和边缘,有些一般性价值离核心价值近,有些一般性价值离核心价值远,显然,离核心价值近的一般性价值的地位比离核心价值远的一般性价值重要得多。价值体系就像一个坚果,核心价值是其内核,处于核心价值周围的价值是其外围和保护层,处于边缘的价值则是其表皮。

再次,核心价值的战略性。从社会规模和范围看,一般性价值主要关涉社会局部和个别价值,也即个人或特殊群体价值,不太注重全社会的整体价值。再者,一般性价值的规模和能量不是很强大的,作为一般性的公共价值虽然覆盖了全社会和全体民众,但由于没有关涉到国家和民众的根本利益,从而它的规模和力量也是有限的,这些主要是由一般性价值的性质和地位所决定的。

而核心价值则关涉社会整体价值,即关涉全社会所有人的利益和福祉,关涉社会的整体利益及利益结构,从社会整体和全局调控及布局各阶层、各群体的利益关系,从社会整体和全局关注着各阶层、各群体的利益及各种利益关系。如果发生价值冲突,怎样化解和调节各价值主体的矛盾,使价值体系处在总体的平衡和协调中,这些都是核心价值所要关注和解决的。再者,核心价值所关涉的全社会和全体民众的需要和利益又不是可有可无和细枝末叶的,而是关涉到全社会和全体民众的根本利益。因此,核心价值的范围覆盖了全社会和全体民众,核心价值在规模、力量和能量上同其他任何价值相比是最具规模和最具力量的。

从时序看,一般性价值主要关涉的是社会的当前利益和发展,注重现实问题的解决,而不直接关涉社会的长远利益和发展,并不展现社会发展的远景规划。如个人价值和群体价值关注的重心在于个人和群体,而全社会和全体民众则放在次要地位。再者,个人价值和群体价值主要关注的是各自的现实价值,长远价值虽然也关注,但必须是服从和服务于现实价值,在战略上,它只具有个人性和群体性,而不具有全社会性。一般性公共价值虽然具有全社会性和长期性,由于它不直接关涉国家和民族的核心利益,所以,它所具有的战略性是有局限性的。

而核心价值则主要关注的是社会的远景规划和长远发展,这并非说核心价值不注重社会现实问题和眼前矛盾,而是从长时段的将来来关注社会现实问题和眼前矛盾,把社会现实问题和眼前矛盾同未来可能出现的社会问题和矛盾联系起来,并要求社会现实问题和矛盾服从和服务于社会的未来发展。更为关键的是,核心价值不仅从长时段、长时期、全社会、全体民众关注着社会和国家的需求和利益,关注着社会和国家存在、繁荣和发展,而且着重从根本利益上关注着社会和国家的存在、繁荣和发展。

最后,核心价值的主导性和决定性。核心价值既然也是一种价值,那么价值的一般特性即属人性和文化性也是核心价值所具有的。同时,核心价值是在社会和国家层面上说的,它的意义和作用不是针对某些个人和群体,而是针对全社会所有人即人民大众。所以,核心价值又不属于个人价值和私域价值,而是属于公共价值,但它又不同于一般的公共价值,核心价值关系到国家的生死存亡,关系到社会的长治久安和战略发展,关系到民族精神和传统文化的持守、传承和发扬,可以说,核心价值是一个国家的脊梁和灵魂。可见,核心价值在公共价值中处主导地位和起支配作用,或者说,核心价值是处主导地位和起支配作用的公共价值。

我们知道,核心价值同许许多多一般性价值构成了社会价值体系,在这一价值体系中,核心价值处于中心、内核和轴心的地位,其他价值处于核心价值的周围和边缘。这就说明,核心价值离不开一般性价值，核心价值需要一般性价值作为它存在的外围基础、条件和前提，核心价值也需要一般公共价值来铺垫、展开和实施。一般性价值也离不开核心价值，一般性价值需要核心价值作为它们的根基、支撑和引领。核心价值和一般性价值相互联系和结合，共同构成了社会价值体系。但就两者相互依赖和相互作用比较而言，核心价值对一般性价值的作用要远远大于一般性价值对核心价值的作用，一般性价值对核心价值的作用主要起外围、边缘和基础的作用，而核心价值对一般性价值的作用，主要在于核心价值对一般性价值的决定、支配和引领作用。就是说，一般性价值的存在、内容、性质和作用在很大程度上由核心价值决定的，并受核心价值的主导和支配。

核心价值决定一般价值的存在。在价值体系中，一般性价值是否进入到核心价值体系内，要看一般性价值的内容和性质是否同核心价值相符合，只有同核心价值的内容和性质基本相符和一致的一般性价值，才能可以进入到核心价值体系内，同核心价值的内容和性质相反和相悖的一般性价值是不能进入到核心价值体系内的。在这种意义上说，核心价值也决定一般性价值的内容和性质。

核心价值决定一般性价值的作用。在价值体系内部，整个价值体系的作用是由核心价值主导的，核心价值的主导作用表现为规范、安排、开启、先导、调控着一般性价值的作用，从而，一般性价值作用的方向、规模、大小和效果等都受核心价值的决定和支配。不仅如此，核心价值对核心价值体系以外的价值体系和单一价值也起着一定的决定和支配作用，核心价值体系是开放的，它不断吸收新成员来丰富自身，也不断开除旧成员来纯洁自身，吸收什么样的新成员和开除什么样的旧成员是以核心价值为标准，并由核心价值来裁定的，即从核心价值体系外部把同核心价值内容和性质相近和相似的新成员吸收到核心价值体系内，从核心价值体系内部把内容和性质蜕变的旧成员即已同核心价值相悖的旧成员从核心价值体系内部开除出去，以丰富和纯洁核心价值体系。

这些都说明，核心价值在价值体系内外都起主导、决定和支配作用。

二、核心价值观

作为社会的核心价值体系，是核心价值和核心价值观的有机统一，核心价值不仅以价值的实存形态表现自身，而且要在主观精神和思想文化中表现自身，核心价值在主观精神和思想文化中的表现就是核心价值观；作为观念形态的核心价值观也要以实存的核心价值为存在基础和内容。所以，核心价值和核心价值观是形影不离的，它们构成了核心价值体系。

核心价值观是主体对实存核心价值的反映、表达、诉求、建构和积淀，是实存核心价值在主观精神和思想文化领域的表现[①]。

价值观、公共价值观和核心价值观也像价值、公共价值和核心价值一样，是层层递进和步步上升的关系，价值观包含着公共价值观和核心价值观，公共价值观和核心价值观本身也是一种价值观，但公共价值观是对一般价值观的递进和上升，核心价值观是

①参见：阚和庆：《社会主义核心价值体系建设与提高文化软实力》，载《广西社会科学》2011年第7期。

对公共价值观的递进和上升，更是对一般价值观的递进和上升。

1.核心价值观的形成

核心价值观是在社会多元多级的复杂价值观系统中占主导地位和起支配作用的价值观。在社会内部，存在着不同的阶层、不同的群体，这不同的阶层和群体所处的社会地位、发展状况是各不相同的，从而他们的发展需求和理想追求也是各有所别的，这就形成了他们各不相同的价值观。即使同一阶层和群体内部，由于每个人的人生经历、生存境况和主观愿望不同，每个人的价值需求和价值取向也不相同，从而每个人的价值观也是各有区别和各有特点的。在社会内部复杂多样的价值观中，大多数价值观在本质和取向上是根本一致的，只是在内容、时段和程度上各具特色而已，这就表现出价值观的差异，甚至可能发生冲突，但这种差异和冲突可以通过社会制度和人们之间的协商来解决，只要制度到位和措施有力，这些相互差异和冲突的价值观一般不会发展到对立和对抗。但也有少数人的价值观同大多数人的价值观是相互冲突甚至是对立的，这主要在于这少部分人的利益和追求是同大多数人的利益和追求背道而驰的，甚至是同社会的发展相违背的，这种价值观的冲突具有对抗和对立的性质，从而要采取果断的措施来解决这种价值观的冲突。当然，我们应重点防止价值观发展到对抗和对立的程度，防微杜渐，把价值观的对抗和对立解决在萌芽状态，减少价值冲突的成本，维护价值观一致的大局。

核心价值观也是该社会复杂多样价值观中之一种，但它不是一般价值观，而是对其他众多价值观起引领和支配作用的价值观，从而在社会价值观体系中居主导和核心地位。

一般说来，核心价值观是执政党根据国内外的新情况、依据本国文化传统和现实水平，明确思想文化建设的任务而总结和提炼出来的，同时要在全社会大力提倡和推行，并在相当长时期内作为思想文化建设的战略任务。当然，执政党并不是任意地把一种一般价值观确定为核心价值观，而是要根据整个社会价值体系的状况，选择一种绝大多数人所信奉的价值观，并加以精练化和系统化而上升为社会核心价值观。这种核心价值观才有广泛的思想文化基础，也才能在全社会提倡、推广和践行。

核心价值观要以社会的客观现实为基础。

我们知道，任何价值观都是对现实客观存在的价值的反映、建构和沉淀，众多复杂的一般价值观是对众多复杂的价值存在的反映、建构和沉淀，而社会核心价值观则是对该社会核心价值存在的反映、建构和沉淀。核心价值的存在是核心价值观形成的最深厚的客观基础和沃土，也是核心价值观形成的决定力量。

核心价值观既然是对该社会核心价值的反映、建构和积淀，那么，我们要分析核心价值观，就必须深入到该社会的核心价值体系中才能分析得全面和透彻。

核心价值是指决定该社会的本质特征和战略发展的根本价值，是该社会的根本需要和核心利益所在。一个社会的核心利益在政治、经济、科学技术和文化等领域都有所表现。政治上的社会制度、意识形态；经济上的根本体制和发展模式；科学技术上的关键技术和核心产品；文化上的传统文化和民族精神等都属于社会核心价值。社会核心价值提供核心价值观的客观基础和基本内容，实存形态的核心价值赋予了观念形态核心价值观的本质特性和主要功能。

核心价值观的确立既要以社会的客观现实为基础，也要以大多数人价值观为基础。

核心价值观是对核心价值的反映、构建和积淀,同时,核心价值观是对无数个体价值观和群体价值观的整合、提升和凝聚。正像核心价值离不开一般性价值一样,核心价值观也离不开无数的一般性价值观,否则,核心价值观就会成为空中楼阁。核心价值观和一般性价值观的这种紧密相关性,就表明了核心价值观同无数一般性价值观在价值特征和价值诉求上是根本一致和统一的,它们之间具有亲和性和融洽性。当然,核心价值观又不是无数的一般价值观的简单加总,不论在系统性还是在层次性上都要高于一般性价值观,从而,核心价值观既扎根于社会现实之中,又在一定程度上超越于现实,指向社会未来的发展方向,正由于此,核心价值观能引领和支配一般性价值观。使大多数人在认知、情感和信念上达成对社会核心价值观最大程度的共识。

同时,我们也应该看到,也有少许的价值观同社会核心价值观是相冲突甚至是相对抗和对立的,在这种情况下,我们要采取各种方法和措施,特别是要采取晓之以理、动之以情的说服教育方法,化解它们同核心价值观的冲突、对抗和对立,使之既保持价值观上的个性特点,又与社会核心价值观保持根本的一致,最大程度上认同和践行社会核心价值观。

核心价值观还要以现存的思想文化和社会风尚作为基础,社会的公共意识和公共精神、文化传统、民族精神、风俗习惯和各种道德规范等都是核心价值观的思想文化基础和来源,并且有些直接成为核心价值观的内容。这样,核心价值观不仅有广泛的社会文化基础,而且它的内容是博大精深和丰富多彩的。更为重要的,核心价值观依托和内蕴着社会的公共意识和公共精神,就能同这些公共意识和公共精神融为一体,既以社会公共意识和公共精神为基础和依托,又决定、支配和引领这些公共意识和公共精神,更体现出了核心价值观的特性和功能。

2.核心价值观的基本内容

核心价值观的内容是丰富的,核心价值观的表现也是多样的,大致说来,意识形态、民族信仰和信念、民族感情、民族精神和时代精神等是核心价值观的主要内容和表现形式。

意识形态是统治阶级依据一定的社会经济基础和其他社会存在制定的政治思想体系。意识形态反映了统治阶级的意志,是统治阶级治理国家的思想方略。同时,意识形态是社会的思想基础,统治阶级把意识形态当作教化民众的工具,用意识形态统一广大民众的思想。意识形态会随社会形态的演化而变化,封建社会的意识形态就是宗法思想和等级观念,资本主义社会的意识形态就是个人主义以及“平等、自由、博爱”,从而,意识形态又具有时代性。

意识形态由指导思想和主流思想组成。指导思想是统治阶级所信奉并成为治国指导思想的某某主义、学说或思想体系。作为指导思想的意识形态具有相对的稳定性,它贯彻在某一社会形态的始终,它随着某一社会形态的产生而确立,也随着某一社会形态的瓦解而消失。作为指导思想的意识形态具有总体性和原则性,它是纲领性的和概要的,它从总体和长远原则性地规定社会的本质特征,指明社会的发展方向。作为指导思想的意识形态具有指导性和引领性,它不但渗透在政治思想、法律思想、道德、文学艺术、哲学和宗教等意识形态的各个领域,成为这些意识形态领域的指导思想,而且也渗透在社会心理、民间信仰、民风民俗等一般性的社会意识中,成为它们的指导思想。

作为主流思想的意识形态是指统治阶级在指导思想的指引下,根据当前社会发展的根本任务和要达到的目标而提倡的根本主张和理念。作为主流思想的意识形态同作为指导思想的意识形态相比具有具体性和可操作性,就是说,作为主流思想的意识形态是根据社会的具体发展提出的,它有具体而明确的针对性,不同的时代,社会发展有不同的目标,那么就会提出不同的意识形态观念,从而它是比较具体的。作为主流思想的意识形态受指导思想的指引,但它本身不是总体的指导思想,而是为达到一定的社会发展目标的具体观念和理念,并且这种具体观念和理念是要落实和实现的,从而它具有可操作性。

不管是作为指导思想的意识形态,还是作为主流思想的意识形态,都具有意识形态的总体特征和作用,它对整个社会意识和思想文化起指导、指引的作用,它对社会核心价值观的其他部分也起着指导、指引的作用。从这个意义上说,意识形态不仅属于核心价值观,而且在核心价值观中又处于核心的地位,属于核心价值观中的核心价值观。

信仰是主体对某物、某人、某主义、某思想或某宗教等至深的相信、尊敬和崇拜,并且这种信仰对象已成为主体人生的目标、精神的安慰和感情的寄托。而信念则是主体坚定不移地确信并扎根在主体灵魂深处的观点、看法和思想。信念和信仰的内涵、特征和作用是一致的,只不过信念是思想、观念的东西,而信仰则是这思想和观念的对象化所指。

从微观看,每人的信仰和信念都是有差异的,因为每个人的人生道路和人生目标不尽相同。但从宏观看,每人的信仰和信念的目的都是为了人生更美好,给人带来幸福和安康。就民族内部说,由于传承着相同的历史文化,面对着相同的自然环境和社会条件,面临着大致相同的人生困顿、人生机遇、人生目标和人生归宿,从而人的信仰和信念也大致相同,这共同的信仰和信念就构成了民族信仰和信念。

民族信仰和信念是民族内对个人信仰和信念的共同整合而形成的，因此，它是共同的信仰和信念，它的力量和作用远大于个人的信仰和信念，它是一种强大的精神动力，是强大的民族凝聚力和感召力，是民族精神特质的重要表征。

民族信仰和信念实质上是民族价值观，民族价值观是民族内部各个个人共同信奉的价值观，它实质上是公共价值观。民族价值观是该民族的灵魂和精神内质，它关涉到民族的生死存亡，关涉到民族繁荣昌盛，因此，民族信仰和信念又不是一般意义的公共价值观，而是该民族的核心价值观。

民族感情是一民族对本民族的语言、历史、文化、民俗、风情、名胜等所持有的热爱、尊重、眷恋和自豪的情怀。一民族为拥有独特的语言、历史、文化、民俗、风情、名胜而感到自豪和骄傲。民族感情是该民族在长期的生产和生活中潜移默化地形成的，民族感情驱使着该民族的成员坚守、传承、保护、发扬和创新本民族的语言、历史、文化、民俗、风情、名胜，不能伤害、侮辱这些民族性的东西。不管是族内人还是族外人，若伤害和侮辱这些民族性的东西，就等于伤害和侮辱了该民族，就等于伤害和侮辱了该民族的感情。民族感情是该民族的精神家园，是凝聚民族各成员的精神力量，是团结民族各成员的重要纽带。因此，民族感情是一民族的品质、品格和尊严的重要表现，是该民族的灵魂和精神。

民族感情表达了该民族的理想、信仰和追求，表达了该民族的价值诉求。从而，民族感情实质上是一种价值观，是民族价值观。民族感情是一民族所有成员共同持有的一种情怀和情感，从而，民族感情是一种共同的或公共的价值观。民族感情又不是一般性的感情，而是涉及到民族精神和民族灵魂，涉及到民族的生存与发展，涉及到民族的兴旺发达，涉及到民族的团结友爱的最重要的感情，从而，民族感情又是该民族的核心价值观。

广义地说，民族信仰和信念、民族感情都可以归入到民族精神的范围和内容中。

民族精神是一个民族在长期的生产和生活实践中，在长期同他民族的交往、交流和冲突中逐渐积累、沉淀而形成的民族意识、民族愿望、民族情感和民族信仰。民族精神是一个民族的灵魂和精神支柱，是一个民族的精神向往和情感寄托。一个民族如果没有民族精神的维系，就难以成为一个真正的民族。如果一个民族丧失了民族精神，就失去了这个民族的灵魂和凝聚力，这个民族也将不成其为这个民族。

民族精神具有悠久的历史传统，民族精神是由民族的祖先和先民创立，在历史传承中得到不断丰富、完善和发扬，从而，民族精神不是不变的，而是不断创新发展的。因此，民族精神的内涵之一，就是民族优秀文化的历史传承和历史积淀。

民族精神的内涵之二，就是民族精神的全民族性，就是说，民族精神是全民族、全社会的精神，而不是某人、某群体的精神。而要使民族精神成为全社会人民大众的普遍精神，民族精神必须是人民大众所喜闻乐见的大众文化和大众精神，如果民族精神只是高深莫测的精英文化，不便于大众所欣赏和接受，从而难以成为民族精神。但民族精神要能提供形上的追求、心灵的安顿和情感的寄托，这就需要有精英文化的内容和内涵，否则也难以成为民族精神，民族精神应该是大众化和精英化的统一，只有这样，既能被人民大众所接受和内化，又能成为人民大众的精神寄托和精神支柱。从民族精神的这些特点看，民族精神是民族的公共价值观，并且是民族公共价值观中的核心价值观，是民族的核心价值观。

时代精神是核心价值观的又一重要内容和表现。时代精神是对当代社会所面临的主要任务和发展趋势的反映而形成的社会风貌和时代潮流。如果说,民族精神是立足于历史传统,那么时代精神则立足于当前现实;如果说,民族精神强调的是传统文化对当今的影响,那么时代精神强调的是社会风貌和时代潮流对未来的引领。不管怎么说,民族精神和时代精神都是作为核心价值观而存在并发挥其作用的,时代精神实质就是时代的核心价值观。

作为社会风貌和时代潮流的时代精神立足于当代实践,是对当代社会的主要任务、问题和挑战的把握,是对当代社会的本质、规律和未来发展的反映,是对国际复杂形势和人类未来的应对。作为时代精神必须具备这些品质、能力和作用,否则就不能成为时代精神。时代精神强调当前和当代的社会实践,但时代精神决不是历史虚无主义的,而是把传统文化和民族精神纳入自身,使自身更加强大和更具影响。

时代精神不仅是对当代社会本质和发展趋势的揭示和把握,而且时代精神代表的是主流意识,是统治者大力提倡并向全社会推广的精神意识,同时也是广大民众愿意接受并身体力行的一种精神意识。因此,时代精神不是统治者或某些个人所独享的精神,而是社会的全体民众共享和践行的精神,时代精神具有全社会性和全民性。正是从这一意义上,时代精神是公共价值观的重要内容和表现,并在公共价值观中占主导地位和起支配作用,是一种核心价值观。

3.核心价值观的特性

核心价值观是一种价值观,价值观的一般特性即选择性、积淀性、稳定性、形上性也是核心价值观所具有的;核心价值观又是一种公共价值观,公共价值观的一般特性即公共性、形态性、体系性和更合理性也是核心价值观所具有的。但核心价值观又不等同于一般的个人价值观和公共价值观,而是在一般个人价值观和公共价值观中居主导地位和起决定作用的核心价值观。因此核心价值观又有不同于一般个人价值观和公共价值观的特性。

从核心价值观的涵义以及它产生和存在的基础看,显示出了核心价值观的核心地位和特性,但要全面分析核心价值观的特性,还必须对它作专门的论述。

核心价值和核心价值观是紧密相联的,有什么样的核心价值,就会有什么样的核心价值观,核心价值决定核心价值观,但核心价值观对核心价值又具有重大的影响和反作用。由于核心价值和核心价值观的这种紧密相关性,核心价值的特征如深层性、内核性、战略性和主导性也是核心价值观所具有的。不过,核心价值观在这些特性的基础上,还明显具有自觉性和意识形态性。

核心价值观同一般价值观相比,具有高度的自觉性和意识形态性。一般价值观也具有自觉性,但自发性占了一定的成分和比例,特别是个人价值观是这样的。另外,一般性价值观只关涉个人或群体内部的生存发展,虽然具有思想性和意识性,但一般不会上升到国家意识和意志,不具有意识形态性。

而核心价值观则与之不同,它具有高度的自觉性。核心价值观并不是随意地把某一个人价值观或群体价值观上升而确定和推出的,而是统治者根据国家的根本需求和核心利益,根据人民大众的意愿,根据社会发展的远景规划和在国际竞争中的具体情况,根据社会的文化传统、时代精神以及根据全社会的思想状况,把绝大多数人和绝大多数群体的理想、信仰和价值观以及各种社会思潮提炼、整合成为符合统治者的意志和治国理念,有目的有意识地形成和推出的。因此,核心价值观具有高度的自觉性。

核心价值观的形成表现出高度的自觉性，核心价值观的推行也表现出高度的自觉性。核心价值观的总结、提炼、形成和确定,其目的在于向全社会推行,使全体人民实践核心价值观,进而推动社会的思想文化发展。要达到这一目标,首先就得有目的有意识地向全体民众宣传核心价值观,要全体民众认真学习并深刻体会核心价值观，使民众的思想认识与核心价值观达到高度的一致。这种一致决不是口头上和表面的,而是真正发自内心的,不仅在认知上认同核心价值观，而且在情感和信仰上认同核心价值观,使核心价值观在社会思潮和思想文化上占主导地位和起支配作用,使核心价值观在社会盛行。

核心价值观的形成和推出的更高目标在于，不仅用核心价值观武装全体民众的头脑,而且在于使全体民众真正实践核心价值观,把核心价值观落实在自己的行动上,为社会、为人民作出更多更大的贡献。只有这样,全体民众才真正学好、领会和掌握了核心价值观,核心价值观的推出也才达到真正的目的。核心价值观推行的这两大步骤都是有目的有意识的,因而也是高度自觉的。

核心价值观不但具有高度的自觉性，而且具有强烈的意识形态性。任何上升到国家层面的思想文化都具有意识形态性,即都体现了统治者的意志,执行着统治者的指令,服从着统治者的目的。核心价值观是由统治者确立和提倡的,它当然体现了统治者的意志和意图,通过宣传教育,使人民大众接受和践行核心价值观,都是由统治者领导和规划的,最后达到统治者所希望的统一人民大众的思想和行动，达到国家的稳定和长治久安。可见,核心价值观的确立、核心价值观的推行和所要达到的目的都体现了统治者的目的和意图,具有强烈的思想政治性和意识形态性。

4.核心价值观的作用

核心价值观是一种价值观，价值观对人的活动和行为具有指引、选择、定向、调节、评价作用，提供人的精神家园和精神寓所，给人以心灵安慰和精神寄托。价值观的这些一般作用也是核心价值观所具有的；核心价值观又是一种公共价值观，公共价值观是社会公众相互联系的纽带、桥梁和平台，表达了社会公众的共同需要和利益，给社会公众提供了判断公共价值的标准和尺度。公共价值观的这些作用也是核心价值观所具有的，因为核心价值观是处于核心地位的公共价值观。但核心价值观又不等同于一般的个人价值观和公共价值观，而是在一般个人价值观和公共价值观中居主导地位和起决定作用的核心价值观。因此核心价值观又有不同于一般个人价值观和公共价值观的作用。

核心价值和核心价值观是形影不离地结合在一起的，共同构成了核心价值体系，从而核心价值和核心价值观的特性和作用在本质上也是相同的。在价值体系中，核心价值处主导地位和起支配作用，那么，核心价值观在价值体系中也处于主导地位，对其他价值关起支配作用。

核心价值观具有引领性和指导性。核心价值在价值体系中处主导地位和起支配作用，同样核心价值观在价值观体系中也处主导地位和起支配作用，这就是说，在价值观体系中，虽然各种各类价值观相互影响和相互作用，有的甚至相互包含，如在公共价值观体系中就彼此包含有相同和公共的价值观内容，但各种各类价值观的特性、地位和作用是不相同的。有些价值观受其他价值观的影响要大一些，即要服从和服务于其他价值观；有些价值观则表现出相对的独立性，甚至影响、指导和引领其他的价值观；有的价值观处于从属的地位;有的价值观则处于核心地位。核心价值观是处于核心地位的价值观,对其他的、一般性的价值观起引领性和指导性的作用。核心价值观能引领和指导其他一般性价值观,就在于它在价值观体系中处于主导地位和核心地位,正由于此,核心价值观有条件、有能力引领和指导其他一般性价值观,对一般性价值观起支配的作用。

核心价值观能引领和指导一般性价值观，还得具备一个前提条件,就是核心价值观同其他一般性价值观在内容和性质上具有一致性,这就是说,在价值观体系中各种各类的价值观都有自己的个性和特性,这样才显示出价值观体系的丰富多样性。但在价值观体系中,各种各类价值观又有相似的内容和特性,对于核心价值观和其他一般性价值观来说,一般性价值观在内容和特性上或多或少、或这方面或那方面、或直接或间接同核心价值观具有一致性,否则就不可能共处于同一个价值观体系中。正是这样同一性和一致性的存在,就在核心价值观和一般性价值观中架起了一座桥梁,核心价值观才能引领和指导一般性价值观。一般说来,如果一般性价值观同核心价值观在内容和性质上具有更多的同一性和一致性,那么核心价值观就能容易引领和指导一般性价值观;如果一般性价值观同核心价值观在内容和性质上具有较少的同一性和一致性,那么,核心价值观引领和指导一般性价值观就增加了不少难度。在社会内部,核心价值观不仅要引领和指导属于同一体系内的一般性价值观,而且要引领和指导不属于同一体系内的价值观,这样的价值观作为社会思潮而存在的,只是个别的或是极少数的。一般说来,这样的价值观和社会思潮同核心价值观多少有些差异、不一致,甚至冲突,对于这样的价值观不能简单和粗暴地打击、压制甚至消灭,而是要做艰巨细致的工作,分析这种价值观产生的社会背景，弄清它的基本内容和性质，认清其作用以及对社会的消极影响。然后进行有理、有利和有节的宣传和转化工作，逐渐转变其价值观的性质，转换其价值观的内容，化消极因素为积极因素，使其发挥对社会、对人民大众有利的作用，使它们同核心价值观趋于同一性和一致性，这样就能用核心价值观引领和指导它们，使其加入核心价值观体系的行列。

核心价值观引领和指导一般性价值观并不是像入侵者那样通过暴力去征服其他一般性价值观，使其他一般性价值观臣服和听命于核心价值观，更不是置一般性价值观于死地，不让它们存在，而是要既让各种各类价值观保留其个性，保持其相对的独立性，发挥它们应有的和独特的作用，但又要用核心价值观引领和指导一般性价值观，使它们同核心价值观保持一致性。要做到这一点，核心价值观要以其威望和魅力，以其力量和作用，使人民大众懂得核心价值观是社会所必需，是人民所必需，离开了核心价值观社会就失去了主心骨，人民就会迷失方向，使人民大众认识到核心价值观必要性。

另外，在引领和指导的方式方法上，要采取示范、感染、传导、说服和引导的方式，在利益上能给人民大众带来实惠；在认知上要摆事实讲道理，要晓之以理；在情感上，要用核心价值观去打动人、感染人，要动之以情。使核心价值观与一般性价值观发生情感的共鸣，从而使人民大众自觉自愿地受核心价值观的影响和熏陶，把核心价值观当作自己的理想信仰，进而使一般性价值观同核心价值观保持本质上的一致，自觉自愿地把核心价值观置于核心和中心地位，并受其引领和指导。

核心价值观通过引领一般价值观的方式达到统一人民思想的目的，为统一国家和社会稳定提供思想文化基础、保障和支持。

第四章　社会主义核心价值体系

任何国家都有其核心价值体系，只不过是自觉不自觉、明文不明文的微小区别而已。因为核心价值体系是一个国家的根本需求和核心利益所在，也是一个国家兴旺发达的核心观念所在，核心价值体系能启迪和教化人们的思想意识，能指引人们的行为方向，能引领社会思潮，统一人们的思想，能维护社会的思想稳定。当然，由于各国家的历史传统、社会制度、理想信仰和现有发展水平不同，从而，各国家所提倡、奉行和坚守的核心价值体系也不相同，即使同一国家在不同的历史时期，由于其具体的情况发生了变化，所倡导和奉行的核心价值体系也不尽相同。

党的十六届六中全会通过的《中共中央关于构建社会主义和谐社会若干重大问题的决定》从指导思想、理想信念、精神风貌和道德规范四个层面指出了社会主义核心价值体系的基本内容，即马克思主义指导思想，中国特色社会主义共同理想，以爱国主义为核心的民族精神和以改革创新为核心的时代精神，社会主义荣辱观。党的十七大报告明确阐明了社会主义核心价值体系的本质特征、主要作用和如何建设社会主义核心价值体系。

一、社会主义核心价值体系提出的背景

建设社会主义核心价值体系的提出决不是偶然的，而是有着复杂的时代背景和深厚的思想文化基础的。

1.社会背景

建设社会主义核心价值体系是构建社会主义和谐社会的重要任务，社会主义核心价值体是和谐社会的思想文化基础，也是和谐社会的思想文化保障，不建设社会主义核心价值体系就不可能构建社会主义和谐社会。而要构建社会主义和谐社会又必须深入落实科学发展观，“科学发展和社会和谐是内在统一的。没有科学发展就没有社会和谐，没有社会和谐也难以实现科学发展。”①因此，构建和谐社会、落实科学发展观和建设社会主义核心价值体系是内在统一和不可分割的，它们都处于相同的国际国内环境，都要达到同一个目标即建设中国特色社会主义。因此，在构建社会主义和谐社会和落实科学发展观的伟大实践中，建设社会主义核心价值体系是完全必要的。

随着全球化的不断深入，各国家的联系越来越广，也越来越深，一个国家要想独立于世界和他国之外孤立地发展简直是不可能的。在全球化进程中，各国可以在经济、政治和文化等领域相互借

---

①胡锦涛：《高举中国特色社会主义伟大旗帜为夺取全面建设小康社会新胜利而奋斗——在中国共产党第十七次全国代表大会上的报告》，北京：人民出版社 2007年版，第 17 页。

鉴、相互学习、相互交流,优势互补,达到共赢和共同发展的目的。

但全球化过程又是一个不完全平等的过程，强势国家对弱小民族的挤压和掠夺是不争的事实,同时,在思想文化交流的过程中,泥沙俱下,腐朽落后的思想文化也掺杂其中,腐蚀着人们的思想意识,产生着负面影响。

和平与发展是时代的主题,经济建设、社会发展是各国家的中心任务,以科技和经济竞争为基础的综合国力竞争成为全球发展的主题。但各国家的社会制度和意识形态的斗争始终未停止过,而且在新的历史条件下出现了新情况和新趋势。冷战结束后,美国失去了最强有力的竞争对手苏联，世界格局向美国一方倾斜，美国调整了它的发展战略,即注重意识形态软势力渗透,在全球推行美国的民主化和价值观。美国借反对恐怖主义为名,在中东推行“大中东民主化改造”计划,用军事、经济、政治和思想等手段,推行美国的民主价值观,培养“亲美”和“西化”的新一代。

苏联解体后,美国为了挤压俄国的发展空间,在军事上不断推进北约东扩,在意识形态上,通过慈善机构、基金会等非政府组织在独联体国家进行意识形态的渗透,进行“颜色革命”,试图改变独联体国家的社会制度和意识形态,实行美国的民主化。美国在亚洲推行“扩大自由和民主主义”战略,针对的就是中国,其具体做法是在中国周边国家部署军事力量，进行意识形态的渗透,经济上的施压,形成包抄中国之势。美国把中国当作最强的竞争对手和假想敌,从而美国向全球渗透的重点在中国,千方百计用美国式的民主与自由来改造中国,达到和平演化中国的目的。另外,美国还谋划了“民主同盟”,试图架空联合国,在全球推行美国的民主政治,建立由美国主宰的单极世界,由美国主宰全球事务和人类的发展[①]。可见，在和平发展的时代并不太平，这种不太平有军事上的，但更多是政治制度和意识形态上的，因此，面对复杂的国际局势，面对意识形态领域的国际斗争，有必要建设社会主义核心价值体系。

中国在改革开放过程中，国门打开，把国外先进的技术和优秀的文化请进来，把中华民族的优秀传统文化送出去，进行中外思想文化交流，产生了深远的影响和积极的效果。但是，与此同时，一些不符合我国情、并对人们的思想特别是对青少年思想产生不良影响的思潮和生活方式也乘机而入，造成信仰动摇、道德滑坡和思想混乱，不利于中国特色社会主义思想文化建设的顺利进行。

随着我国社会主义市场经济体制的建立和完善，利益多元化和思想观念多元化的格局基本形成，由于存在着不同的职业和分工，从而存在着不同的阶层，不同的阶层有不同的利益需要和价值追求，从而又存在着不同的价值观。至于不同的个人，其价值和价值观更是千差万别的，正由于此，显示出了价值和价值观的多样和社会的丰富多彩，这是社会进步的重要标志。但与此同时，集体主义观念有些淡化，社会主义意识形态被边缘化，思想出现分散和分化，个人主义、拜金主义有所抬头。出现了社会信任危机、道德滑坡，几起老人跌倒无人扶或是扶起跌倒的老人反被诬告就是例证。随着人们生活的日益富裕，而公共文化建设滞后，从而有些地方封建迷信沉渣泛起，赌博之风盛行。受国外宗教势力的渗透和影响，有些地方出现宗教活动，严重地影响了人们正常的生产和生活。

随着国家的日益富强和物质条件的改善，有少数领导干部放

①参见吕振宇、李 明：《论社会主义核心价值体系》，济南：山东人民出版社 2009 年版，第 131–132 页。

松了对自己世界观的改造，追求骄奢淫逸的生活方式，经不起金钱和美色的诱惑，利用手中权力，进行权力寻租，贪污堕落，最后走上违纪甚至犯罪的道路。

所有这些说明，随着建设中国特色社会主义的不断深入，我们面临国际国内的许多新情况、新问题和新矛盾，特别是在思想文化领域和意识形态领域，出现了一些同社会主义意识形态和主流思想文化不协调的声音和现象。因此，对全党和全国人民加强社会主义意识形态教育，加强正确的世界观、人生观和价值观教育成为一个紧迫的问题和任务，建设社会主义核心价值体系就是为了完成这一艰巨的任务。同时，构建社会主义和谐社会和落实科学发展观，要有强有力的思想文化作基础和支撑，因此，建设社会主义核心价值体系也是构建和谐社会与落实科学发展观所必需。

2.思想背景

社会主义核心价值体系的提出还有其思想意识和社会思潮方面的背景。随着改革开放的深入，国外的学术观点和社会思潮不断介绍和传入国内，对中国思想文化的交流和发展无疑起到了积极的作用，但与此同时，一些不符合中国国情甚至是同社会主义本质相违背的学术观点和社会思潮也乘机传入国内，造成了思想混乱，产生了消极的甚至是破坏性的后果。我们必须用社会主义意识形态统一人们的思想，引领社会思潮，要严肃对待、合理引导、批判吸收在我国产生深远影响的社会思潮，如民主社会主义、新自由主义和大陆新儒学等①。

近年来，民主社会主义思潮对我国的影响比较大，造成了部分

①参见吕振宇、李 明：《论社会主义核心价值体系》，济南：山东人民出版社 2009 年版，第 143-148 页。

人的思想动摇和混乱，有人公开在杂志上发表文章，明确提出“只有民主社会主义才能救中国”，并具体阐述了“民主社会主义模式与中国前途”，这种观点的提出，在国内思想界和政界引起了很大的反响。因此，我们必须知道什么是民主社会主义，它和中国特色社会主义有什么本质区别。

民主社会主义从其产生起，已有百余年的发展历史，民主社会主义也称社会民主主义，它起源于19世纪初，1895年恩格斯去世后，在伯恩斯坦和考茨基的影响下，社会民主主义演变为一种在资本主义范围内通过走议会道路来改良资本主义，实现社会主义的主张。20世纪50年代，社会民主党人为了突出“民主”，将“社会民主主义”改为“民主社会主义”。到20世纪90年代后，社会民主党人又把“民主社会主义”改回到“社会民主主义”。民主社会主义主张指导思想的多元化，把社会主义仅当作价值追求和理想，否定建立社会主义国家和制度的必然性，主张只用对经济的民主监督取代消灭私有制，用社会保障和福利制度来缓和资本主义内部矛盾[①]。可见，民主社会主义只是一种资产阶级的改良主义，根本不是社会主义。要不断巩固社会主义意识形态的地位必须批判民主社会主义，决不能用民主社会主义来调和中国特色社会主义，更不能用民主社会主义来代替中国特色社会主义。

新自由主义产生于20世纪20～30年代，最初是一种专业性很强的西方新自由主义经济理论，新自由主义经济理论是对古典自由主义经济理论改造而来的。18世纪，英国古典经济学家亚当·斯密创立西方古典自由主义经济理论，古典自由主义主张经济自由，强调市场机制这只“看不见的手”是推动经济发展的根本力

①《什么是民主社会主义》，载《人民日报》2007年5月10日，第9版。

量,反对国家对经济的干预。新自由主义比古典自由主义走得更远,把市场机制的作用发展得极致。新自由主义主张,任何国家特别是发展中国家必须放松政府对经济的干预，解除外汇管制,消除贸易壁垒,使国有企业私有化,最大限度地开放市场,实现经济自由发展和平等竞争。20 世纪 80 年代初期,新自由主义在英美等西方国家占主流经济学地位,并产生了以英国的哈耶克为代表的伦敦学派和以美国的弗里德曼为代表的货币学派、卢卡斯为代表的理性预期学派。新自由主义能成为英美等西方国家的主流经济学,主要原因在于凯恩斯的国家干预主义无法解决西方经济长期处于滞胀的问题,给新自由主义的登台提供了机会。另外,当时英美政府将新自由主义作为施政理念,从而为新自由主义的兴起创造了条件,新自由主义兴起的根本原因则是迎合了当时国际垄断集团抢占国际市场和向发展中国家扩张的需要。在此背景下,新自由主义由学术理论而演变为政治理论和意识形态,其显著标志是 1990 年由美国政府制定的包括 10 项政策工具的“华盛顿共识”。“华盛顿共识”强化了新自由主义意识形态色彩,严厉抨击公有制、社会主义和国家干预主义,主张推行超级大国为主导的全球经济、政治、文化一体化。显然,新自由主义是为发达国家特别是美国服务的,对发展中国家来说无疑是不利甚至是有害的。事实也证明了这一点,新自由主义的实践特别是“华盛顿共识”的实施,给拉美国家造成了严重的经济危机甚至社会危机,俄罗斯在新自由主义指导下的“休克疗法”式的经济转轨,引发了长期的经济衰退和社会动荡。

新自由主义对我国的影响只限于学术界,20 世纪 80 年代中后期,我国对新自由主义才进行介绍和研究。但如果不对新自由主义有正确的认识和判断,新自由主义有可能由学术问题变为政治问题和现实问题,有可能影响我国经济和社会的正常和健康发展。

“大陆新儒学” 是在 20 世纪 90 年代逐渐形成和发展起来的。“大陆新儒学”实质上是一种文化保守主义,学术界有部分人主张回归传统儒家文化,重建儒学,主张渐进改良,反对社会的革命性变革,反对民主政治和中国当代主流意识形态,试图把新儒学上升为主流意识形态, 认为儒学是中国两千多年传统文化的主干,也是中国当代文化的主干,儒学决定中国文化的走向,并决定中国社会和中国人的命运,中国社会的发展和繁荣取决于儒学的复兴。2004 年 7 月,在贵阳举行的“中国文化保守主义峰会”标志着“大陆新儒学”运动进入到了一个新阶段,随后,大陆新儒家们在各种场合,利用各种媒体宣传其观点。“大陆新儒学”的观点显然是偏颇的,儒学中有合理的成分,是可以吸收到中国当代文化中来的,但其糟粕应给予批判和扬弃,社会主义核心价值体系吸收了儒学中的积极合理因素,作为封建社会的意识形态的儒学已失去了社会基础和文化特质, 决不能成为当代中国的主流意识形态,成为当代中国的主流意识形态只能是马克思主义、社会主义思想体系和社会主义核心价值体系。

以上这些社会思潮不是简单的学术流派和学术观点, 而是影响到中国特色社会主义的本质特征,动摇人们的思想信念,它们已经转变为社会思潮。学术思潮与社会思潮的一个重要区别,就是学术思潮是一种纯学术研究,不涉及到具体社会的本质、发展道路和政策主张,因此,学术思潮不具有意识形态性或较少具有意识形态性。而社会思潮是由学术思潮转化而来的,并且始终用学术话语诉求自己的政治主张, 即把学术观点应用到具体现实中,把学术话语转化为政治话语和社会话语,从而,社会思潮具有明显的政治性和意识形态性。显然,民主社会主义、新自由主义和大陆新儒学不单是学术思潮，已成为社会思潮，因此，要合理地批判和引导这些社会思潮，用社会主义核心价值体系引领这些社会思潮。

还要注意的一点是，就总体和本质而言，民主社会主义、新自由主义和大陆新儒学这些社会思潮不符合中国国情，不利于中国特色社会主义现代化建设。但就这些社会思潮的有些个别主张还是有一些积极意义的，如民主社会主义对传统资本主义的批判；新自由主义关于市场是有效配置资源机制的观点，主张减少政府干预、压缩政府开支和提高政府效率的观点，关于加强法制的观点，关于尊重人权和人的自由发展的主张，关于通过适度货币政策对国民经济进行宏观调控的观点；大陆新儒学对传统文化的挖掘和重视等，都具有一定的参考价值和借鉴意义。

3.文化基础

任何核心价值体系的确立既有它的现实背景，也有它的思想文化来源。中国改革开放的伟大实践以及当前所面临的国内外新情况、新问题和新矛盾是社会主义核心价值体系得以确立和存在的现实基础，同时，社会主义核心价值体系的提出和确立也吸收了一些中外优秀的思想文化资源。

马克思主义是关于社会主义和共产主义的学说。中国共产党正是根据马克思主义学说，进行了新民主主义革命，建立社会主义的新中国，又在马克思主义的指引下，进行了社会主义建设和改革开放，并取得了巨大成就，有力地推动了社会主义社会向前发展，提出和确立社会主义核心价值体系。因此当然要以马克思主义作为理论基础和指导思想。

儒家伦理道德学说的人本思想、道德修养思想、仁爱思想、节俭和诚实思想以及一整套的行为规范，去掉其封建主义外衣，经过改造可以吸收到社会主义核心价值体系中，事实上，社会主义核心价值体系中的道德思想和行为规范，有许多同儒家伦理是一致或相似的。

民主、自由、平等、博爱等思想是资产阶级在反对封建专制主义的启蒙时期提出的，表达了资产阶级的理想追求。从理念表达和程序实行看，民主、自由、平等和博爱具有普遍的意义，虽然不同的国家和民族，其经济发展水平、社会制度和文化传统不尽相同，从而所要追求和实现的民主、自由、平等和博爱具有不尽相同的内容和模式，但必定也会有部分相同的内容和程序模式。

民主、法治、公平和正义是社会主义核心价值体系的重要内容，社会主义的民主、法治、公平和正义虽然不同于资本主义的民主、自由、平等和博爱，但两者却有部分相同的内容和程序模式。又由于资产阶级最早系统提出民主、自由、平等和博爱思想，资本主义几百年的发展历史中，也积累了一定的成功经验，当然也有深刻的教训，因此，在确定和建设社会主义核心价值体系中，可以吸收资本主义在这方面的成功经验，但要抛弃其消极因素。即使是吸收资本主义的合理的、成功因素，也要根据社会主义的经济状况、社会制度和文化传统，使之创造性地转换，从而成为社会主义核心价值体系中的重要内容。

社会主义核心价值体系的提出和确立还受益于我国 20 多年来的价值论研究。自 20 世纪 80 年代中期以来，我国学术界就价值的本质、价值评价、价值与真理、价值与文化、价值规范、社会主义价值观等一系列问题进行了深入的研究，并取得了可喜的成果。我国价值论的研究得益于改革开放，直接动因则是社会主义市场经济的建立与完善。提出和确立社会主义核心价值体系，从概念看，核心价值体系中的价值体系未称之思想体系或意识形态体系，就得益于我国价值论的研究，把价值这一学术术语变为思想政治术语。可以说，价值论的研究和讨论，直接确定了社会主义核心价值体系这一思想政治概念。

二、社会主义核心价值体系的基本内容和主要特性

社会主义核心价值体系的内容非常丰富、特征非常鲜明。中共十六届六中全会主要是从社会主义意识形态和价值观体系提出社会主义核心价值体系的，但任何观念形态价值都是对实存形态价值的反映、建构和积淀，因此，社会主义核心价值体系既有核心价值观念的维度，也有核心价值实存的维度。社会主义核心价值体系除了其社会主义的本质特征外，还有许多其他的特性。

1.社会主义核心价值体系的基本内容

社会主义核心价值体系像其他社会的核心价值体系一样，也是由实存形态价值和观念形态价值构成的，不过，中共中央十六届六中全会主要是从核心价值的观念形态层面来确立社会主义核心价值体系的，并把社会主义核心价值体系划分为四个层次，即马克思主义指导思想是社会主义核心价值体系的灵魂；中国特色社会主义共同理想是社会主义核心价值体系的主题；以爱国主义为核心的民族精神和以改革创新为核心的时代精神是社会主义核心价值体系的精髓；社会主义荣辱观是社会主义核心价值体

系的基础[1]。也可以说，马克思主义指导思想是社会主义核心价值体系的指南；中国特色社会主义共同理想是社会主义核心价值体系的目标；以爱国主义为核心的民族精神和以改革创新为核心的时代精神是社会主义核心价值体系的品格；社会主义荣辱观是社会主义核心价值体系的基石。社会主义核心价值体系的这四个方面是相互联系的，共同构成了具有层次结构的社会主义核心价值体系。

马克思主义指导思想的要义是，马克思主义是社会主义意识形态的本质内容，是共产党制定方针政策的指南，马克思主义指引着社会主义建设的前进方向。作为指导思想的马克思主义，它只能回答社会主义建设的方向性问题，而不回答社会主义建设中的具体和细小问题。因此，在马克思主义指导问题上，我们既要反对因马克思主义回答不了具体的实际问题而否定马克思主义指导的观点，也要反对过于苛刻马克思主义，要求马克思主义回答社会主义建设中的一切具体问题的观点。

在马克思主义指导问题上，我们既不能搞教条主义，也不能搞自由主义，教条主义不顾社会主义建设的实际情况，不进行具体问题具体分析，用马克思主义的词句、条条、框框、本本生搬硬套到实际问题上，并任意剪裁现实，教条主义貌似真正的马克思主义，其实没有把握马克思主义的真谛，是用形而上学的态度对待马克思主义，教条主义实质上是对待马克思主义的极左态度。正确的态度和方法是用马克思主义的立场、观点和方法分析具体问题，具体问题具体分析。自由主义则是从极右的方面对待马克思主义，全面否定马克思主义的指导，主张指导思想的多元化，或者

①红旗大参考编写组：《建设社会主义核心价值体系大参考》，北京：红旗出版社 2007 年版，第 57 页。

名义上是马克思主义指导，实质则把马克思主义抛向一边，信奉西方的自由化思想。正确的态度是，我们要以马克思主义作指南，从马克思主义的立场、观点和方法出发，提出和解决实际工作中的具体问题。马克思主义指导思想，关键在于中国化的马克思主义作为指导思想，用具有鲜明实践特色、民族特色和时代特色的马克思主义作为指导思想。

中国特色社会主义共同理想就是把中国特色社会主义当作我们共同的理想信念和目标追求，中国特色社会主义共同理想同共产主义理想是一脉相承的，中国特色社会主义共同理想是共产主义理想在社会主义初级阶段的具体表现，中国特色社会主义共同理想是共产主义理想的基础，只有实现中国特色社会主义共同理想，才能逐步实现共产主义理想。

中国特色社会主义共同理想是一种公共价值观，即全国人民都要树立的共同理想和价值观，这种共同理想和价值观的确立是由中国特色的社会主义现代化建设的实践决定的，中国特色社会主义共同理想能凝聚全国人民的力量，对中国特色社会主义建设又具有巨大的指导作用，能加速中国特色社会主义的建设。

中国特色社会主义共同理想的内容是非常丰富的，有无数的具体表现形式，即是说，中国特色社会主义共同理想要通过无数个体和群体的理想表现出来，并通过无数个体和群体的行为来实现。这就是说，无数个体和群体的理想只要符合中国特色社会主义的本质要求，都反映了中国特色社会主义建设实践，都以中国特色社会主义建设为价值取向，并且都有益于中国特色社会主义建设，那么，无数个体和群体的价值观即使有差异，也都可纳入到中国特色社会主义共同理想之中，都是中国特色社会主义共同理想的组成部分。因此，中国特色社会主义共同理想既是一，又是多,一就是中国特色社会主义的本质,多就是在中国特色社会主义本质的基础上又表现出具体不同的内容和形式,并且只有这样,才能更大范围和更大程度实现中国特色社会主义共同理想。

以爱国主义为核心的民族精神和以改革创新为核心的时代精神既是社会主义核心价值体系的精髓,是社会主义核心价值体系的品质,它体现了社会主义的风尚和精神面貌。人总是有精神的,否则就不成其为人,一个国家和社会也总是有精神的,否则就不成其为国家和社会,精神风貌反映出一个人和社会的品质,是人和社会本质的重要组成部分。

中国特色社会主义精神风貌反映了当代中国的国格和品质,作为中国特色社会主义精神风貌既有几千年传承下来的民族精神,也有反映当代实践和时代主题的时代精神。中华民族在悠久的历史发展中,形成了爱国持家、忧国忧民、自强不息、勤劳勇敢、尊老爱幼、和睦相处等民族精神,这些民族精神以爱国主义尤甚,因为只有国兴,才能家旺,自强不息、勤劳勇敢都是为了国家的兴旺发达,所以,爱国主义处于民族精神之首,作为精神风貌之一的民族精神也就以爱国主义为核心。时代精神是中国特色社会主义精神风貌的又一重要内容,时代精神主要是对当代社会发展主题的反映,在中国特色社会主义建设中,创新、改革、全球化、以人为本、构建和谐社会、科学发展、环保等都是时代主题,在这些时代主题中,创新居于首位,因为科学发展、构建和谐社会等时代主题都要靠创新才能完成,所以,改革创新就成为了时代精神的核心。

以爱国主义为核心的民族精神和以改革创新为核心的时代精神是作为中国特色社会主义公共精神而存在的,作为公共精神就是要求全国人民都要具备这两种精神,就是说,不管什么个人和群体,只要是爱岗敬业,勇于创新,不断进取,为中国特色社会主义建设作出了自己一份贡献，那么，他和他们就具有中国特色社会主义的民族精神和时代精神，是中国特色社会主义民族精神和时代精神的具体表现。所以，以爱国主义为核心的民族精神和以改革创新为核心的时代精神的内容是非常丰富的，具体表现是多种多样的，但爱国主义精神和改革创新精神是它们共同的本质特征。我们要用以爱国主义为核心的民族精神和以改革创新为核心的时代精神鼓舞全国人民的斗志，最大限度地调动全国人民的积极性和创造性，加快推进中国特色社会主义现代化建设。

社会主义荣辱观是社会主义最基本的道德准则和行为规范，它具有底线伦理的性质，就是说，树立社会主义荣辱观，履行八荣八耻的道德准则，是做人的基本要求。要做一个合格的人，要做一个具有基本道德素养的人，必须树立社会主义荣辱观。履行八荣八耻的道德准则，虽然不能说理想是多么的远大，境界是多么高尚，但可以说是一个合格的社会主义公民，是一个有道德修养的人。

社会主义荣辱观是最基本的道德规范和行为准则，人人都能遵守和履行，从而，社会主义荣辱观具有广泛的代表性和适应范围，是一种公共伦理和公共道德，同时也是一种普适伦理。

社会主义荣辱观作为公共道德和普适伦理在时间向度上，传承着几千年中国传统文化的精华，社会主义荣辱观的许多内容早就在中国传统文化中就存在着，只不过阶级属性和价值取向不同而已，社会主义荣辱观把这些优秀的道德观吸收进来，并进行了阶级和价值的转换，用它来为中国特色社会主义服务，为建设社会主义核心价值体系服务。

社会主义荣辱观作为公共道德和普适伦理在空间范围上，连接着人类道德，就是说，社会主义荣辱观不仅具有社会主义的性质，也具有全人类性质，其中崇尚科学、诚实守信和遵纪守法等不仅是社会主义的道德准则,也是其他社会甚至是全人类的道德准则,所以,社会主义荣辱观作为最基本的道德要求,具有最大限度的普适性。

2.社会主义核心价值体系的主要特征

社会主义核心价值体系具有丰富的内容,发挥着广泛的作用,其特性是多样的。有学者认为社会主义核心价值体系具有先进性、广泛性、进步发展性和包容性[①]。根据这一观点,社会主义核心价值体系的主要特征可以概括为层次性、一元多样性、相对稳定性、普适性和引领性等。

(1)层次性 社会主义核心价值体系分为四大方面,也就是它的四大层次,所谓层次就是结构的上下秩序和位置,就是说,社会主义核心价值体系的四方面内容的地位和作用不是均等的,而是有差别的,这就是它们的结构层次。

马克思主义指导思想处于社会主义核心价值体系的顶端,它的地位就决定了其作用,马克思主义指导思想指导和决定着社会主义核心价值体系其他内容的性质,并且决定整个社会主义核心价值体系的性质,即决定着社会主义核心价值体系的社会主义意识形态的性质。我们说,社会主义核心价值体系具有意识形态性,它是为中国特色社会主义建设服务的,是为全党和全国人民服务的,这就是马克思主义指导思想决定了社会主义核心价值体系的意识形态性和价值取向性。所以,马克思主义指导思想在社会主义核心价值体系中处于核心的地位和起着决定和支配的作用。

社会主义荣辱观在社会主义核心价值体系中处于基础地位和

①黄凯锋、唐志龙:《建设社会主义核心价值体系》,上海:上海人民出版社 2007年版,第 32-34 页。

起着基础性作用。社会主义荣辱观是社会主义最基本的道德准则和行为规范,是人人都应做得到的,同时也是人人都能做到的。社会主义荣辱观的基础性不但在于它的内容和要求是基础性的,而且在于它在整个社会主义核心价值体系也处于基础性地位和起基础性作用。从层次结构看,社会主义荣辱观处于社会主义核心价值体系的底层,它不仅要以马克思主义作为指导思想,而且受处于中间层次的中国特色社会主义共同理想以及以爱国主义为核心的民族精神和以改革创新为核心的时代精神的深刻影响,这就是说,社会主义荣辱观是为树立中国特色社会主义共同理想以及以爱国主义为核心的民族精神和以改革创新为核心的时代精神服务的。社会主义荣辱观的基础性也说明了,它在社会主义核心价值体系中处于基础和奠基的地位和作用, 如果基础不牢,整个核心价值体系也将摇摆不定。所以,要建设社会主义核心体系一定要夯实其基础,树立和实践社会主义荣辱观。

处于社会主义核心价值体系中间层次的中国特色社会主义共同理想以及以爱国主义为核心的民族精神和以改革创新为核心的时代精神,它们既以马克思主义为指导思想,又奠基于社会主义荣辱观。社会主义核心价值体系的中间层次集中反映了中国特色社会主义的本质,民族精神和时代精神体现了社会主义的理想追求和价值向往,反映了社会主义高尚的精神风貌、与时俱进的进取精神和昂然向上的斗志。因此,社会主义核心价值体系中间层次的内容是社会主义精神文化的真实写照,是社会主义精神风貌和思想观点的最集中体现和反映。

社会主义核心价值体系的上中下层次结构,组成了科学合理、功能互补、互为一体的核心价值体系。

(2)一元多样性 社会主义核心价值体系是具有层次结构、内容丰富的体系，但彼此又是相互一致和相互衔接的，主题突出，特征明显，从不同的方面和层次表征着社会主义意识形态的本质。尤其在指导思想上，只能是马克思主义指导思想，这一条是铁定的，不许更改的，决不能指导思想的多元化，社会主义核心价值体系的其他内容都必须以马克思主义作指导，这一点也是不容许讨论和更改的。从社会主义核心价值体系的本质特征看，它是个一元的价值体系，它的价值态度和价值诉求是非常明确的，即是社会主义的价值和价值体系，它排斥、否定和反对与社会主义本质相违背的任何价值和价值体系。

但社会主义价值体系并不是独断的一元论，而是充分肯定和扶持与社会主义价值体系在本质上一致的、并各具特色的价值和价值观。就社会主义核心价值体系内部看，它是一个结构体系，在马克思主义指导思想下的中国特色社会主义共同理想、民族精神和时代精神以及社会主义荣辱观都具有丰富的内容，只要在马克思主义的旗帜下，有利于中国特色社会主义建设的理想信念、民族精神、时代精神和道德观念都可以纳入到社会主义核心价值体系中。从社会主义核心价值体系同各种社会思潮和价值观看，社会主义核心价值体系不搞独断论，不随意排挤、打压和消除其他社会思潮和价值观，而是把这些社会思潮和价值观中符合社会主义价值体系的内容吸收进来，用来不断丰富社会主义核心价值体系。对于同社会主义核心价值体系存在差异甚至相违背的社会思潮和价值观，通过说理、教育等方法，用社会主义核心价值体系引领它们，化解矛盾，解决实际问题，最大限度地用社会主义核心价值体系统一全党全国人民的思想。从这方面说，社会主义核心价值体系在抵制各种错误和腐朽思想的同时，能容许差异存在，尊重差异。因此，社会主义核心价值体系又具有包容性。

可以说,社会主义核心价值体系既是一元的和统一的,又包含着各具特色、多样性和多元化的价值和价值观,社会主义核心价值体系是一元和多样性的统一体系,多样价值内蕴着统一价值,统一价值又具体表现为多样价值,它们共同构成了社会主义核心价值体系。在社会主义核心价值体系中,统一价值是一种核心价值和主导价值,它统领着整个社会的价值体系,是该价值体系的灵魂,其他多样的价值都是围绕核心价值而展开的。

(3)相对稳定性 社会主义核心价值体系是对中国特色社会主义本质特征、根本任务和时代主题的反映和构建,建设社会主义核心价值体系是当前党中央提出的思想建设的根本任务,也是全党全国各族人民统一思想认识,进行理想信念教育的根本途径和方法。因此,社会主义核心价值体系具有强烈的时代性。不同社会形态的核心价值体系是不一样的,有的还是根本对立的,就是社会的不同历史时代,其核心价值体系也是不一样的,在社会主义社会的不同阶段,其核心价值体系也各有差别。新中国成立初期,其核心价值是以恢复政治、经济和文化的秩序和消灭反动残余势力为其核心价值的主要内容。“文化大革命”时期则是以无产阶级专政和阶级斗争理论为其核心价值体系。改革开放以来,社会主义核心价值体系恢复了其本来面目,以建设中国特色社会主义为根本任务的指导思想、民族精神、时代精神和道德观念为其主要内容。可以说,在社会主义的不同时期,核心价值体系的内容是发生变化的。当今提出的社会主义核心价值体系主要是以改革开放以来中国特色社会主义建设时期为历史背景的。

但社会主义核心价值体系又具有相对的稳定性。这主要是因为中国特色社会主义建设是一个相当长的历史阶段,在这一漫长的历史阶段中,每一时期时代主题和要完成的根本任务会有各自的特色，但其中国特色社会主义建设的根本任务却是始终一致的，所以，社会主义核心价值体系的主要内容则是始终一致的，这是社会主义核心价值体系相对稳定性的根本前提和社会基础。同时，社会主义核心价值体系是对中国特色社会主义根本价值和价值观的揭示，其本身具有相当程度的概括性和适应性，社会主义核心价值观其本身具有积淀性和内聚性，积淀和内聚的共同特征就是相对稳定性，即使具体的、个别的价值和价值观发生了变化，社会主义核心价值体系也能纳入其内，并受其引领和影响。

社会主义核心价值体系具有包容性和普遍性，这也反映出它的相对稳定性。社会主义核心价值体系包容价值和价值观的多样性和差异性，就是说，只要符合社会主义本质特征，有利于中国特色社会主义建设，受社会主义核心价值体系支配和引领的一切价值和价值观，社会主义核心价值体系都允许其存在，鼓励其发展，并可纳入到其体系中。社会主义核心价值体系的包容性就增添了它的稳定性。

社会主义核心价值体系尤其是其时代精神的内容，在不同历史时期会有不同的时代主题，但是马克思主义指导思想、民族精神和荣辱观则是相对稳定的。即使在特殊的历史时期，时代精神同那一时代的根本任务背道而驰，有可能歪曲马克思主义，篡改其民族精神和道德观，但马克思主义、民族精神和道德观这些基本的名词概念却要沿袭下来。关键的是，背离其时代本质的核心价值体系是暂时的，恢复其社会主义核心价值体系的本来面目是社会发展的必然，可以说，当今提出建设社会主义核心价值体系，则恢复了社会主义核心价值体系的本来面目和本质特征，也是中国特色社会主义建设的根本任务。从这一点也可以看出，社会主义核心价值体系具有相对稳定性。

(4)普适性 作为公共价值的社会主义核心价值体系不是属于个别人或特殊群体的,而是属于全社会和人民大众的,就是说,社会主义核心价值的价值主体是社会主义的全体人民大众,这不仅在于社会主义核心价值体系是在人民大众各自所拥有的价值和信奉的价值观的基础上产生的,而且在于社会主义核心价值体系面向和服务于人民大众,用社会主义核心价值体系教育人民大众,使社会主义核心价值体系成为人民大众的思想觉悟、道德水准和价值追求的标准,成为人民大众的信仰和信念,成为人民大众行动的指南。从社会主义核心价值体系的产生和作用的对象看,社会主义核心价值体系深深地扎根在人民大众之中,人民大众的生产实践和生活实践是社会主义核心价值体系的生命之源,离开了人民大众这最广泛的主体,社会主义核心价值体系既不可能产生,也没有产生和存在的必要。因此,从社会主义核心价值体系产生的基础和作用的对象看,它具有普适性。

社会主义核心价值体系的本质就在于它的核心性、深刻性、主导性和支配性,社会主义核心价值之所以有这些本质特征,就在于社会主义核心价值体系揭示了中国特色社会主义这一特殊社会形态的本质,提出了中国特色社会主义建设的根本任务和时代主题,正由于社会主义核心价值体系揭示了中国特色社会主义的本质而具有核心性和深刻性,也正由于社会主义核心价值体系具有核心性和深刻性,从而具有相对稳定性和普适性。因为深刻的东西不属于现象,而属于本质,本质比现象要深刻和稳定,从而本质比现象具有更大的适应性和普适性。社会主义核心价值体系处于价值体系的核心、主导、中心和本质层次,同其他社会主义价值现象相比,核心价值体系要深刻和稳定,从而同其他价值现象相比具有更大的适应性和普遍性,它贯彻在中国特色社会主义建设的全过程，普遍适应于中国特色社会主义建设的全民族范围。

社会主义核心价值体系的普适性还表现在，社会主义核心价值体系的基本内容的普适性。马克思主义指导思想不仅适应于中国社会主义革命和社会主义建设，也适应于其他国家的社会主义革命和社会主义建设。中国特色社会主义共同理想是全体中国人民的共同理想，并且这一理想贯彻在中国特色社会主义建设的相当长的历史发展中。以爱国主义为核心的民族精神和社会主义荣辱观吸收了中华民族的优良传统和优秀品质，在时间跨度上，它们不仅存在于中国特色社会主义建设的全过程，而且是从历史传统而来，并将延续到中华民族将来的历史发展。以改革创新为核心的时代精神不仅立足于中国，也面向全球，并积极参与全球化进程。从这些可看出社会主义核心价值体系的普适性。

（5）引领性 从社会主义核心价值体系的作用看，社会主义核心价值体系具有导向功能、凝聚功能、激励功能、规范功能和整合功能[①]。社会主义核心价值体系的这些作用和功能也是一切价值观所具有的，不管是个人价值观还是群体价值观都具有这样的作用和功能。而社会主义核心价值体系决不能简单同个人价值观和群体价值观相比拟，因为社会主义核心价值体系在所有价值和价值体系中处主导地位和起支配作用，即社会主义核心价值体系对个人价值、群体价值以及相适应的价值体系起指导、引领、决定和支配的作用。从而，社会主义核心价值体系不只是对个人和群体的思想和行为起导向、凝聚、激励、规范和整合作用，而是对全体人民起这些作用，更为重要的是，社会主义核心价值体系还能对个人和群体价值观起导向、凝聚、激励、规范和整合作用。如果说

①韩震主编：《社会主义核心价值体系研究》，北京：人民出版社 2007 年版，第78–100 页。

个人和群体价值观对个人和群体的思想和行为起导向、凝聚、激励、规范和整合作用,那么社会主义核心价值体系对个人和群体价值观的这种导向、凝聚、激励、规范和整合功能再进行导向、凝聚、激励、规范和整合,是导向的导向、凝聚的凝聚、激励的激励、规范的规范和整合的整合。

为什么社会主义核心价值体系要对个人和群体价值观再次进行导向、凝聚、激励、规范和整合呢？主要是因为个人和群体价值观在其个人和群体内部,的确起到了导向、凝聚、激励、规范和整合作用,但就整个社会来说,这些价值观不一定都对整个社会起积极的导向、凝聚、激励、规范和整合作用,有的价值观的积极作用大些,有的价值观的积极作用小些,也有的在其个人和群体内部起积极作用,但对整个社会无积极作用,甚至是消极和破坏的作用。因此,有必要用社会主义核心价值体系对这些个人和群体价值观再次进行导向、凝聚、激励、规范和整合作用,尽可能使所有个人和群体价值观在中国特色社会主义建设中发挥更大更积极的作用。社会主义核心价值体系的这些作用是任何个人和群体价值观不可能具有的,社会主义核心价值体系的这些作用可以概括为引领作用和功能,社会主义核心价值体系的这一引领作用和功能是社会主义核心价值体系的实体本质即它的核心性、主导性和深刻性所决定的。

三、建设社会主义核心价值体系的意义

党的十七大报告阐述了社会主义核心价值体系作用和如何构

建社会主义核心价值体系。“要巩固马克思主义指导地位,坚持不懈地用马克思主义中国化最新成果武装全党,教育人民,用中国特色社会主义共同理想凝聚力量,用以爱国主义为核心的民族精神和以改革创新为核心的时代精神鼓舞斗志,用社会主义荣辱观引领风尚,巩固全党全国各族人民团结奋斗的共同思想基础。”[①]这同时也指明了建设社会主义核心价值体系的现实意义。对于建设社会主义核心价值体系的意义可以有许多概括,有学者从建设社会主义核心价值的角度,来概括其意义:“是坚守马克思主义意识形态阵地的需要,是应对全球化条件下多元文化碰撞的需要,是转型时期寻求共同价值的需要”[②]。也有学者从提出社会主义核心价值体系的角度来概括其意义:“治国理念的重大创新,和谐社会的思想道德基础,和谐文化建设的根本,促进和谐世界的建设。”[③]提出社会主义核心价值的意义偏重于社会主义核心价值体系本身的理论意义,而建设社会主义核心价值的意义偏重于其现实意义,党中央提出建设社会主义核心价值体系的意义是偏重于现实方面的。因此,我们主要从现实方面谈谈建设社会主义核心价值体系的意义。

1.巩固社会主义意识形态主导地位的需要

社会主义核心价值体系是社会主义意识形态的本质体现,要

①胡锦涛:《高举中国特色社会主义伟大旗帜为夺取全面建设小康社会新胜利而奋斗——在中国共产党第十七次全国代表大会上的报告》,北京:人民出版社 2007 年版,第 34 页。

②黄凯锋、唐志龙:《建设社会主义核心价值体系》,上海:上海人民出版社 2007 年版,第 40-41 页。

③韩震主编:《社会主义核心价值体系研究》,北京:人民出版社 2007 年版,第 255-279 页。

进一步巩固社会主义意识形态的主导地位和发挥它的主要作用，就要建立社会主义核心价值体系。社会主义意识形态的主要特征和表现就是马克思主义的指导，要发挥社会主义意识形态的主要作用关键在于加强和巩固马克思主义的指导地位。马克思主义是关于社会主义和共产主义的学说，社会主义的胜利是共产党在马克思主义的指引下，经过无产阶级革命取得的，社会主义现代化建设在马克思主义的指导下取得了巨大成就，马克思主义同社会主义和社会主义建设是融为一体的。从而，马克思主义成为了社会主义意识形态的本质内容和本质特征，马克思主义在社会主义意识形态中处于主导地位和起指导和支配作用。要巩固社会主义意识形态的主导地位，增强社会主义意识形态的吸引力和凝聚力，就必须巩固马克思主义的主导地位，增强马克思主义的指导和支配作用，增强马克思主义在全党全国人民中的吸引力和凝聚力。我们要认真研究和宣传原生态的马克思主义，更要认真研究和宣传再生态的马克思主义，即马克思主义与当代实际相结合而产生的新理论和新学说。在中国，毛泽东思想、邓小平理论和"三个代表"重要思想就是马克思主义与中国实际相结合的产物，是马克思主义中国化的三大最新成果，具有鲜明的中国社会主义建设的实践特色、民族特色和时代特色。

不断巩固社会主义意识形态的主导地位和不断增强社会主义意识形态的吸引力和凝聚力，关键在于用马克思主义特别是马克思主义中国化的最新成果武装、教育全党和全国人民，积极开展马克思主义的学习和宣传工作，使全党和全国人民真正学懂学精学通马克思主义，所谓学懂就是自觉、主动地学习马克思主义，懂得马克思主义的基本常识，懂得马克思主义的基本原理。所谓学精是在学懂的基础上，认真研究马克思主义，精通马克思主义的基本原理,并有所发挥。所谓学通就在学懂、学精马克思主义的基础上，要能运用马克思主义的基本原理解决实际工作中的问题。因此,学习马克思主义并不是简单地背诵几条马克思主义的语录的事情,而是要学懂学通,用马克思主义作为行动指南,最终能解决实际工作中的问题。只有全党全国人民学懂、学精、学通了马克思主义，并用马克思主义作为自己行动的指南解决实践中的问题,那么,马克思主义的主导地位和指导作用是巩固和坚强的,社会主义意识形态的吸引力和凝聚力是强大的。

2.树立共同理想、凝聚人民力量的需要

理想是对未来的向往和追求,个人理想是对自己未来人生所要达到的目标的愿望,由理想而具体化为人生计划和人生目的。一个个人生计划和人生目的的实现，也就是人生理想的达成和实现。社会理想是由政党或统治阶级根据社会发展的实际情况,提出的社会未来发展蓝图,并要求人民大众树立社会理想并为之奋斗。

个人理想和社会理想有时是相背离的,主要是在阶级社会,有时是相一致的,主要是在阶级消亡的社会。个人理想和社会理想的相一致也只是部分和本质的一致,而不可能是完全的重合,因为个人理想是具体的和千差万别的,主要指涉个人的未来发展和人生目标,但个人是离不开社会的,个人的发展和人生目标离不开社会的发展和蓝图。因此,个人理想和社会理想是紧密地结合在一起的,个人理想中包含着社会理想的内容,社会理想又要依赖个人理想,并从个人理想中提炼和上升而来,社会理想以凝练和高度概括的方式存在于个人理想中。从这个意义上说,社会理想是无数个人理想的共同部分,从而社会理想就是无数个人的共同理想。

在社会主义社会，个人理想和社会理想具有很大的相关性和一致性，因为，在社会主义社会，国家利益和人民的利益是根本一致的，人民内部的利益也是根本一致的。因此，在社会主义内部，个人理想和社会理想以及个人理想之间在方向和内容上也是根本一致的，当然这种一致性是本质和方向性的，至于具体的眼前的目标则是各有特殊和差异的，但这种特殊和差异是和谐相处的。

中国特色社会主义既是中国社会发展的目标和价值诉求，也是人民群众根本利益之所在，中国改革开放的伟大实践已证明了这一点。中国特色社会主义既是伟大的社会实践，又是中国社会发展的理想，而这一理想既是社会发展的理想，也是人民群众所追求的理想，从而，中国特色社会主义就是中国社会和中国人民追求的共同理想。以中国特色社会主义为核心的共同理想和个人理想具有相当的一致性。

共同理想像纽带，把无数个人紧紧地维系在一起。共同理想又像黏合剂，凝聚无数人的力量。共同理想还像助推器，推动着人民勇往向前。中国特色社会主义共同理想就是这样的纽带、黏合剂和助推器，把全国各族人民紧紧地维系、团结和凝聚在一起，组成社会主义的大家庭，在其各自的岗位上辛勤劳动和贡献力量。

共同理想是一种精神状态和境界，它所产生的维系、团结和凝聚的力量是一种精神力量，共同理想实质上就是共同精神或公共精神，这种公共精神发挥作用时就能转变为实践力量和物质力量，转化为人民群众的伟大实践，有力地推动着中国特色社会主义建设向前发展。因此，中国特色社会主义共同理想转化为全国人民的精神和物质力量的过程，也就是共同理想实现的过程。

3.鼓舞人民斗志、培育进取精神的需要

中华民族在长期的生产和生活实践中，培育了勤劳勇敢、吃苦

耐劳、自强不息、与时俱进的品质，正是这种品质造就了中国人民在同自然灾害和外敌入侵的斗争中表现出的宁死不屈的决心和不屈不挠的斗志。中华民族的这种优良传统代代相传，并发扬光大。

在建设中国特色社会主义进程中，我们需要的正是这种坚强的斗志和顽强的拼搏进取精神，这种顽强斗志和拼搏进取精神在当代中国则具体表现为改革创新精神。

一个国家，一个民族总是有精神的，这精神是该民族的灵魂，是国家和社会的脊梁。一个民族、一个国家可以被入侵者打垮，甚至被消灭，但这个民族和国家的精神是永远打不倒和消灭不了的，正由于此，一旦时机成熟，这个民族和国家会重新站立起来。

一个人也是一样，一个人的精神状态如何，不仅表征他的外在形象和精神风貌，更表征他的人格魅力和内在灵魂。可以消灭一个人的肉体，但不能侮辱一个人的人格，正如孔子所言："三军可以夺帅，匹夫不可夺志"，说的就是人格的不可侮和斗志的不可移。

正是无数个人的人格、品质、斗志、意志和精神整合成了国家意志、民族精神和时代精神，正像涓涓细流汇成江河，而江河的力量又远远超过了涓涓细流。国家意志、民族精神和时代精神的力量和作用是单个人和特殊群体无法比拟的。因此，我们在培育民族精神和时代精神过程中，既要培育个人的意志和品质，也要把这些意志和品质汇集在一起，上升到国家层面的意志、品质和精神。

在中国当代，要用以爱国主义为核心的民族精神和以改革创新为核心的时代精神鼓舞人民的斗志，成为人民意气风发的精神动力，培育人民创新和进取精神。

我们要有改革开放意识和创新进取精神。30 多年的改革开放实践，培育了我们的改革创新意识，正是我们敢于冲破不适应生产力发展的生产关系和上层建筑的束缚，才开启我国改革开放的序幕，改革开放的不断推进也总是伴随着改革和创新意识的不断提高和深化。

我国的改革开放又进入到了一个新的、关键的历史时期，在全球化的冲击下，所面临的国际国内机遇和挑战是前所未有的，要把握机遇和迎接挑战都需要改革创新精神，我们要善于发现新问题，研究和解决新矛盾，获取中国特色社会主义建设的各项新成果。要做到这一点，我们就要有一点闯的精神，敢想敢干的精神和脚踏实地的干劲。只有这样，才能干出一番事业，如果缩手缩脚，平平庸庸，不敢为天下先，那是培养不出改革创新精神来的，也干不出大的事业来。

因此，我们要在全社会倡导创新进取的精神和风尚，在政策上积极支持创新活动，给创新活动提供宽松的社会环境和物质保障，奖励创新成果，积极培养引进创新人才，建立国家创新体系，让改革、开放和创新成为社会风尚、时代主题和时代精神。

只有这样，改革创新才能鼓舞人民的斗志，成为人民不竭的精神动力，并且把这精神动力转变为工作热情，转变为工作动力，为中国特色社会主义建设多作贡献。

民族精神和时代精神不只是一个国家的精神风貌问题，也是一个国家发展的动力、活力问题，因此，我们一定要培养民族精神和时代精神，树立良好的精神风貌，为建设中国特色社会主义提供不竭的动力和源泉。

5.树立良好社会风尚的需要

社会风尚是指人民在生产、生活和交往活动中所形成的行为方式、生活秩序、行为习惯。人民的道德意识、道德情感和道德规范是社会良好风尚和风气的重要表现,社会风尚表征着社会的精神风貌、情感世界和理想追求。社会是个有机体,生产方式和物质财富是社会有机体的基础和硬实力,而社会风尚是社会有机体的精髓、灵魂和软实力,在某种意义上说,社会软实力更能体现一个国家的特性和本质。

作为人民的生活方式、行为规范和精神世界的社会风尚是以社会的生产方式为基础的,从根本上说,有什么样的物质资料生产方式就有什么样的社会风貌和社会风尚。但社会风尚又具有相对的独立性,一方面社会风尚构成了相对独立的精神世界,它是相对的自组织、自发展和自调节的体系;另一方面,社会风尚对人民的物质生产活动具有巨大的反作用。

社会风尚不仅体现了社会的整体精神面貌,而且也是人民生产、生活和交往必不可少的行为方式和行为规范,还是人民所向往的精神世界。社会风尚体现在社会的各个方面,表现在人民的各种言谈举止中。道德规范、民风民俗、乡规民约、精神境界和情感世界等都是社会风尚的重要表现。

中国自古以来就是礼仪之邦,维系社会秩序和国家运转主要靠道德的力量,自古就有团结友爱、乐善好施、一方有难八方支援的优良传统。这种优良传统经过历代的改造、创新一直延续到了当代。当代中国在强调依法治国的同时,重视道德力量的作用。社会主义荣辱观的提出正是强调道德力量的作用,强调道德在树立良好社会风尚和人民精神风貌中的作用,强调用社会主义的荣辱观引领社会风尚,在全社会形成有礼貌、讲文明、互帮、互爱、互学、互让的良好风尚。

社会风尚作为社会的生活方式、生活态度、行为方式和精神面貌,有相对的稳定性和习惯性,社会风尚的树立是逐渐的、润物无声式的进程，这一进程渗透在人民的生活方式和行为方式中。当然，这并不否定在特定时期，采取有目的、有计划的宣传教育方式，在比较短的时间内推行一种道德观和道德行为，希冀在一个短的时期内树立一种良好的社会风尚。但这种大规模的方式必须同逐渐的、润物无声的方式结合起来，并且最终在人民的日常生产和生活中逐渐养成行为习惯。

用社会主义荣辱观引领社会风尚就在于用社会主义荣辱观教育人民，让人民真正践行荣辱观，八荣八耻成为人民的生活态度、生活习惯和行为规范，只有这样，才能在全社会形成良好的道德新风尚。

要树立社会主义荣辱观为核心内容的社会风尚，首先要宣传社会主义荣辱观，让人民群众知道什么是八荣八耻，什么样的行为是荣，什么样的行为是耻，为什么是荣、是耻，让人民在认知上懂得社会主义荣辱观。

社会主义荣辱观的宣传教育一定要符合人民的实际需要和愿望，只有这样，宣传教育才有成效，也才能树立社会主义的良好风尚。在人民的生产、生活和交往中，的确要履行一定的道德规范。具体说要履行正确的、光荣的行为规范，反对错误的、耻辱的行为规范，只有这样，才能有一个良好的生产、生活和交往秩序，并且在这种良好的秩序中，人民的各项活动才能成功，也才能有所收益。

社会主义荣辱观的宣传教育同时也要符合人民的利益，能给人民带来实惠，只有这样，人民才情愿接受并切实履行社会主义荣辱观。社会主义荣辱观涉及的范围非常广泛，在社会的各个领域和层面都存在社会主义的道德规范，都受社会主义荣辱观的指导。因此，即使各个人的愿望和需要不同，其利益千差万别，但其生产、生活和交往都同八荣八耻有着紧密的联系，遵循八荣八耻行为规范,能满足其愿望和需要,并能促进其利益的获得。

同时,社会主义荣辱观的宣传和教育也只有同人民的愿望、需要和利益相结合,人民才能自觉地学习和接受社会主义荣辱观,并内化为理想信念,成为实践的强大精神动力。全社会树立了社会主义荣辱观,社会主义荣辱观就引领了社会风尚,并成为社会风尚的核心内容和主要特征。

建设社会主义核心价值体系的意义与社会主义核心价值体系的作用是根本一致的,充分发挥社会主义核心价值体系的作用,也就充分体现了社会主义核心价值体系的意义,反之也一样。因此,阐述建设社会主义核心价值的意义同时也就是在阐述社会主义核心价值体系的作用。

第五章　社会主义核心价值观

党的十七大明确提出了社会主义核心价值体系的基本内容，建设社会主义核心价值体系的意义、作用、途径和方法。胡锦涛在2012年11月召开的中国共产党第十八次全国代表大会所作的报告中指出："倡导富强、民主、文明、和谐，倡导自由、平等、公正、法治，倡导爱国、敬业、诚信、友善，积极培育和践行社会主义核心价值观。"[①]这是中央首次在社会主义核心价值体系基础上提炼、概括出的社会主义核心价值观的主要内容，即我们经常所说的24字社会主义核心价值观。2013年12月中共中央办公厅印发《关于培育和践行社会主义核心价值观的意见》，高度凝练和集中表达了社会主义核心价值观的基本内容，"富强、民主、文明、和谐是国家层面的价值目标，自由、平等、公正、法治是社会层面的价值取向，爱国、敬业、诚信、友善是公民个人层面的价值准则。"[②]"社会主义核心价值观是社会主义核心价值体系的内核，体现社会主义核心价值体系的根本性质和基本特征，反映社会主义核心价值体

①胡锦涛：《坚定不移沿着中国特色社会主义道路前进 为全面建成小康社会而奋斗——在中国共产党第十八次全国代表大会上的报告》，北京：人民出版社2012年版，第26页。

②中共中央办公厅印发《关于培育和践行社会主义核心价值观的意见》，载《人民日报》2013年12月24日。

系的丰富内涵和实践要求，是社会主义核心价值体系的高度凝练和集中表达。”①

社会主义核心价值观是对社会主义核心价值体系的高度凝练和集中表达，这种高度凝练和集中表达也即是对中国社会主义革命和建设，特别是对30多年改革开放的中国特色社会主义建设的历史与现实的高度凝练和集中表达。这就是说，社会主义核心价值观不是凭空想象出来的，而是有其中国社会主义建设的历史和现实作为坚实基础的，中国社会主义建设的历史和现实既是对社会主义核心价值的不懈追求，又是不断获取和展现着社会主义核心价值成果，再升华和凝练出社会主义核心价值观。

因此，我们对社会主义核心价值观的把握一定要结合客观现实的社会主义核心价值进行。

从实存形态看，社会主义核心价值是建立在社会主义公共价值基础上并存在于公共价值中，是指作为主体的社会主义社会或社会主义国家在满足其根本需求和获取其核心利益，在表达和实现社会主义的根本理想过程中，所体现和表征的社会主义核心客体和作为主体的社会主义社会之间的意义和效用关系。社会主义核心价值关系到国计民生和社会战略发展的核心存在，也就是社会主义的根本需要和核心利益，主要表现在政治、经济、科学技术和文化等领域中的本质和核心内容②。社会主义核心价值在社会主义公共价值中处于核心地位和起支配作用，并且对其他价值起

①中共中央办公厅印发《关于培育和践行社会主义核心价值观的意见》，载《人民日报》2013年12月24日。

②中国政府2011年9月6日发表《中国的和平发展》白皮书，界定出中国核心利益的范围，包括国家主权、国家安全、领土完整、国家统一，中国宪法确立的国家政治制度和社会大局稳定，经济社会可持续发展的基本保障。见中国新闻网2011年9月6日。

指导、辐射和保障的作用。社会主义核心价值的实存形态具有公共价值的一般特征,但又具有自身的特质即社会主义的核心特质。

一、社会主义核心价值的内容、特性、地位和作用

作为公共价值之一的核心价值也像公共价值一样,有全人类的核心价值,如民主、正义、自由、生存、发展、和平等,这是人类的共同利益,也是核心利益所在,同时还是人类的终极理想和追求;有民族国家的核心价值和群体的核心价值,社会主义核心价值就属于民族国家的核心价值。

社会主义核心价值属于社会主义公共价值的一部分,但它又不是一般的一部分,而是核心的一部分,即在社会主义公共价值中处主导、中心地位和起引领和支配作用的部分。

社会主义核心价值是指社会主义的根本需要和核心利益,社会主义根本需要和核心利益涉及到国家的战略发展和民生的根本问题,社会主义核心价值是在社会主义价值体系中占主导地位和起支配作用的价值,也是社会主义国家的根本需要和核心利益之所在。社会主义核心价值把价值主体提高到了国家的层面,即国家主体,国家主体包括着无数的个人主体和群体主体,但它又不是这些主体的机械加总,而是他们的有机统一和整合。社会主义国家的核心利益体现并包括着人民群众的根本利益,但它把人民的根本利益整合成了国家的核心利益,从而使人民的根本利益在国家的层面上连接成了一个相互依存度更高的整体,离开了人民的根本利益就不存在国家的核心利益,离开了国家的核心利

益,人民的根本利益就得不到体现和保障。国家核心利益成为民族独立、国家繁荣富强、社会发展进步的核心内容和决定性因素。

1.社会主义核心价值的基本内容

社会主义核心价值具体表现为政治核心价值、经济核心价值和文化核心价值等。

(1)政治核心价值

社会主义政治核心价值就是社会主义的政治根本需要和核心利益,社会主义政治制度是社会主义政治核心价值的根本反映和表征。中华人民共和国是工人阶级领导的、以工农联盟为基础的人民民主专政的社会主义国家。国家的一切权力属于人民。人民代表大会制度是国家的根本政治制度。人民行使权力的机关是全国人民代表大会和地方各级人民代表大会。人民代表由民主选举产生,对人民负责,受人民监督。国家机构实行民主集中制原则。行政机关、审判机关、检察机关都由人民代表大会产生,并对它负责,受它监督。此外,中国还实行中国共产党领导的多党合作和政治协商制度,各民主党派、各人民团体、社会主义劳动者、拥护社会主义的爱国者和拥护祖国统一的爱国者参加的中国人民政治协商会议是广泛的统一战线组织,它保障发挥各民主党派和各界爱国人士的参政议政和民主监督的作用。

社会主义政治制度与历史上所有剥削阶级类型的政治制度有本质的不同。它的实质是无产阶级专政,是新型的民主,即占人口绝大多数的劳动人民享有民主,并按照民主集中制原则建立起来的政治制度。它的领导力量是工人阶级政党,它的理论基础是马克思列宁主义。

马克思主义创立了唯物史观,揭示了人类社会发展的一般规律，认为人类社会的发展就是生产力和生产关系，经济基础和上层建筑矛盾运动的结果，生产力是社会发展的最根本动力，人民群众是历史的创造者。马克思主义运用唯物史观分析了资本主义社会不可克服内在矛盾和危机，得出了资本主义必然灭亡，社会主义必然胜利的结论，苏联十月革命的胜利和中国社会主义革命的胜利以及其他被压迫民族的解放运动证实了马克思主义的这一预言，证明了这一结论是科学的，是真理。

可以说，马克思主义是为无产阶级的解放事业，为建立无产阶级政权而产生的，而社会主义社会就是工人阶级领导的，以工农联盟为基础的人民民主专政的国家，马克思主义和社会主义已经融为一体，不可分割，正是以马克思主义指导，才取得社会主义革命和社会主义建设的胜利。

只有社会主义才能救中国，只有改革开放才能建设中国特色的社会主义。马克思主义同中国的具体实际相结合，取得了新民主主义革命的胜利，建立了中华人民共和国。也正是马克思主义同中国的具体实际相结合，取得了社会主义建设特别是改革开放的伟大成就，并且产生了中国化的马克思主义即毛泽东思想、邓小平理论、“三个代表”重要思想和科学发展观。

中国共产党是领导中国社会主义革命和建设，领导中国改革开放的核心力量，而中国共产党是以马克思主义为指导，是中国工人阶级及中华民族的先锋队，正是以马克思主义为指导的中国共产党的领导，才取得中国社会主义革命的胜利，才取得社会主义建设和改革开放的伟大成就。

马克思主义指导、共产党的领导和共产党执政的社会主义政权，是社会主义国家的政治优势，也是社会主义国家的本质特征。因为共产党是人民利益的真实代表，除了人民的利益，共产党没有自己特殊的利益,人民的利益就是共产党的利益,人民的需要和福祉是共产党一切工作的出发点和落脚点。社会主义政权是人民的政权,人民有选举权和被选举权,人民参政议政,监督和评价政权的运行及国家官员行使权力的情况。因此,马克思主义指导,共产党领导和社会主义政权,是社会主义国家的根本需要和核心利益在政治领域的表现,是政治领域的核心价值。

社会主义政治核心价值还表现在维护国家主权、领土完整、民族团结和社会稳定。

在社会主义社会,国家统一和民族团结是建立在各族人民一律平等的基础上的,社会主义社会就像一个大家庭,各族人民如同兄弟姐妹一样,都是大家庭的成员,相互尊重对方的历史、信仰、习俗、语言、文字和生活方式,相互学习、相互帮助,团结友爱,为社会主义国家的繁荣昌盛,为各族人民的福祉而辛勤地工作。任何破坏国家统一和民族团结的言论和行为都是对社会主义核心利益和核心价值严重挑衅,我们是坚决不答应的,要予以有力的回击。

社会稳定是社会发展的根本前提和条件,中国特色社会主义建设要有一个和平的国际环境,更要有安定团结的政治局面和稳定的社会条件,在我们的工作中,要把促进社会稳定作为一项重要工作来抓,这不只是政治问题,也是全局问题,只有社会安定、团结和稳定,才能一心一意搞建设和谋发展。因此,社会稳定是社会主义政治核心价值的重要内容。

(2)经济核心价值

社会主义经济核心价值也就是社会主义经济的根本需要和核心利益,经济制度和经济发展模式是一个国家的经济核心价值的反映和表征。中华人民共和国宪法第六条规定:“中华人民共和国的社会主义经济制度的基础是生产资料的社会主义公有制，即全民所有和劳动群众集体所有制。社会主义公有制消灭了人剥削人的制度，实行各尽所能、按劳分配的原则。国家在社会主义初级阶段，坚持公有制为主体、多种所有制经济共同发展的基本经济制度，坚持按劳分配为主体、多种分配方式并存的分配制度。”

社会主义市场经济体制是社会主义经济制度的具体表现，我国社会主义市场经济体制的建立经历了一个较长的探索过程。可以说，社会主义市场经济建立的过程是一个解放思想，改革开放和不断探索的过程。在我国改革开放前的相当长历史时期，我国实行的是僵化的计划经济体制，实践证明，僵化的计划经济体制严重阻碍社会生产力的发展，必须进行改革。20 世纪 70 年代末，我国开启了改革开放的大幕，与此同时，最高决策层也在思考经济体制改革的问题，先实行农村承包责任制，再逐渐进行经济体制的改革。1984 年 10 月，党的十二届三中全会通过的《中共中央关于经济体制改革的决定》明确提出社会主义经济体制是在公有制基础上的有计划的商品经济。1993 年 11 月，党的十四届三中全会通过的《中共中央关于建立社会主义市场经济体制若干问题的决定》明确提出了建立社会主义市场经济体制，其主要任务是转换国有企业经营机制，实现现代企业制度，培育与发展市场体系。2003 年 10 月，党的十六届三中全会通过的《中共中央关于完善社会主义市场经济体制若干问题的决定》，明确指出了完善社会主义市场经济体制的主要任务是完善公有制为主体、多种所有制经济共同发展的基本经济制度；建立有利于逐步改变城乡二元经济结构的体制；形成促进区域经济协调发展的机制；建设统一开放竞争有序的现代市场体系；完善宏观调控体系、行政管理体制和经济法律制度；健全就业、收入分配和社会保障制度；建立促进经济社会可持续发展的机制。

社会主义市场经济不同于资本主义的市场经济，它除了市场经济的一般特征外，还具有自身特殊的特征：社会主义市场经济运行的根本目标是实现共同富裕；社会主义市场经济自身的首要特征就是其运行的根本目标不同于资本主义市场经济运行的根本目标；社会主义市场经济以公有制为主体，多种所有制并存；社会主义市场经济以按劳分配为主体、其他多种分配方式并存；社会主义市场经济体制应建立更有效、更合理的宏观经济调控和更完善法规制度。

社会主义市场经济体制是社会主义经济发展的基本模式和发展道路，要进一步完善社会主义市场经济体系，就“要大力推进经济结构战略性调整，更加注重提高自主创新能力、提高节能环保水平、提高经济整体素质和国际竞争力”[①]。

我们要不断巩固和完善社会主义经济制度和经济体制，以便不断巩固和完善社会主义的经济核心价值。

社会主义经济核心价值还在于对具有自主开发能力和自主知识产权的关键技术和核心科技成果的掌握，并把这些关键技术和核心科技成果应用于生产，打造具有民族特色和国际品牌的拳头产品，并以此推动整个国民经济和经济社会的发展，走出一条相对独立的具有民族特色的社会主义市场经济的发展道路。

(3)文化核心价值

社会主义文化核心价值也就是社会主义文化的根本需要和核心利益，社会主义文化建设的基本方针充分体现了社会主义文化

①胡锦涛：《高举中国特色社会主义伟大旗帜为夺取全面建设小康社会新胜利而奋斗——在中国共产党第十七次全国代表大会上的报告》，北京：人民出版社2007年版，第21页。

的核心价值和核心利益:(一)必须坚持“为人民服务、为社会主义服务”的方向,这是发展我国社会主义科学文化事业的根本方向,是社会主义科学文化事业的出发点和归宿。必须弘扬主旋律,提倡多样化。大力发展先进文化,支持健康有益文化,努力改造落后文化,坚决抵制腐朽文化。(二)必须坚持“百花齐放、百家争鸣”的方针。艺术上不同形式和风格可以自由发展,科学上不同的学派可以自由争论。“百花齐放、百家争鸣”是中国共产党发展社会主义科学文化事业长期的基本方针。(三)继承和借鉴人类一切优秀文化成果,古为今用,洋为中用。立足时代和实践,不断开拓创新。继承和发扬中华民族优秀文化和革命文化传统,积极吸收世界文化优秀成果。

社会主义文化核心价值的精髓在于对传统文化的发扬和民族特色的彰显。任何民族国家都有它的历史,都有由历史所积淀下来的传统文化,传统文化是该民族的灵魂和大脑,也是该民族的思想文化的核心价值,要保住该民族不至于消亡,就必须保护、发展和创新传统文化,在全球化的冲击下,民族文化的生存和发展成为一个紧迫的问题,如果不想办法拯救传统民族文化,任其受大众文化和网络文化等全球文化的冲击与侵占, 不久的将来,民族文化将不复存在。因此,要保住国家的文化核心价值,就必须保护好传统文化,而要保护好传统文化,就必须使传统文化增添时代的新内涵和形式。通过旅游、创办文化产业等举措,使传统文化与当地的经济发展和人民的生活联系起来,不断创新传统文化的内容和转换其形式,培育和打造传统文化产品,并做大做强,使传统文化走出家门,走向全国和世界。这样既保持了传统文化,保存了思想文化的核心价值, 又使传统文化参与了国际化和全球化,促进了世界文化和民族文化的繁荣和发展。

在当代传媒主导的文化产业和文化事业发展中，如何传承和发扬民族文化，在现代文化产品中，如何保持民族特色和民族元素。既要使民族文化融入全球化，同国际接轨，又要传承、创新民族文化，这是一个涉及文化核心价值的大问题。

中华民族在两千多年的历史发展中，创造了光辉灿烂的文化和文明，创作了许多传世的文艺作品，凝聚和积淀了深厚的民族传统、民族文化和民族精神。勤劳勇敢、自强不息、厚德载物、好善乐施、和睦相处、喜庆乐观、朴实节俭、尊老爱幼、善恶分明等构成了中华民族传统和民族文化的主线，从而也就凝聚成了中华民族精神。

在大力促进社会主义文化大发展大繁荣的今天，一定要继承、发扬和创新民族传统和民族精神，在打造现代文化产品中，一定要注入中国元素，赋予传统内涵和特性，只有这样，才能创作和生产出有影响力的文化作品来，在国际文化竞争中处于领先地位，也才能取得社会效益和经济效益双丰收。

社会主义核心价值同其他社会形态的核心价值在表现形式、基本内容、主要特征和作用等方面有相同、相似之处，但社会主义的本质就决定了社会主义核心价值在以上方面具有自身的特性。

2.社会主义核心价值的特性

社会主义核心价值像其他社会形态的核心价值一样，具有深层性、根本性、战略性、内核性、轴心性、指引性和支配性等，这是社会主义核心价值同其他核心价值的共性，但社会主义核心价值还具有其他社会形态核心价值不曾具有的性质，这就先进性、合理性和人民性。

(1)先进性

从社会历史发展的角度说，社会主义核心价值是社会主义社会形态的核心价值,而社会主义社会是继资本主义之后的社会形态,是人类社会以来的最高形态的社会。仅就时间顺序说,社会主义核心价值不仅高于奴隶社会和封建社会的核心价值,也高于资本主义社会的核心价值,可以说,社会主义核心价值是人类社会以来最高形态的核心价值。当然,社会主义核心价值并不是核心价值发展的顶峰,而只是相对以往的社会形态而言是最高形态的核心价值,社会主义核心价值在未来会被共产主义核心价值所取代,但这种取代不像社会主义核心价值取代资本主义核心价值那样,要经过暴力革命推翻资产阶级政权来进行,而是一个自然进化和逐步推进的过程,因为,社会主义核心价值和共产主义核心价值不像社会主义核心价值和资本主义核心价值存在着本质的区别甚至是根本的对立, 而是存在本质的一致和前后的衔接,因为社会主义是共产主义的初级阶段,共产主义是社会主义的高级阶段,社会主义和共产主义实质上是同一社会形态的两个不同发展阶段,从而,社会主义核心价值会自然过渡到共产主义核心价值。从社会主义核心价值本身看,它也是一个不断完善和发展的过程,因为社会主义社会是一个漫长的历史过程,现在社会主义还处在初级阶段,社会主义核心价值受生产力水平的制约,还有许多有待改进和完善的地方, 随着社会主义建设的不断发展,社会主义核心价值会日趋完善和成熟,会日益提升和发展。但仅同以往社会形态的核心价值相比,社会主义核心价值是最先进的。

从社会主义核心价值的内容看, 社会主义核心价值代表了先进的政治制度、经济制度和文化制度。社会主义政治制度的本质是人民当家作主,一切权力属于人民、为了人民、受人民的监督,只要是代表了人民的政治制度,而不只代表统治阶级的政治制度就是先进的政治制度。

社会主义核心价值也代表了先进的经济制度，看一种经济制度是否先进就是看它是否最大限度地促进社会生产力的发展。社会主义市场经济体制是经过社会主义长期的实践，在总结经验教训的基础上确立的，社会主义改革开放所取得的成就证明，社会主义市场经济制度和体制是适合社会主义国情的，是能促进社会主义生产力迅速发展，是能改变社会主义的落后面貌的。

社会主义市场经济体制把竞争引入市场，按劳分配和按要素分配相结合，从而调动了人民群众的积极性和创造性。社会主义市场经济体制鼓励科技创新，鼓励产品的更新换代，积极支持和扶持产品大研发，鼓励争创国际名牌和品牌，从而增强了社会主义经济的国际竞争力。社会主义市场经济体系最大限度地促进了社会主义社会生产力的发展，进而推动社会主义整个经济社会的进步，可见，社会主义市场经济体制是最适合社会主义国情的经济制度，从而是一种先进的经济制度。

社会主义核心价值还代表了先进的文化制度和文化体制，社会主义文化是人民大众的文化，文化由人民创造，由人民参与，由人民消费和享受。社会主义文化强调文化的人民性、大众性、民族性和世界性，特别强调文化的民族传统性，把文化的民族特色和传统特色看作是社会主义文化的本质和灵魂，看作是文化参与全球化的法宝。

社会主义文化制度和体制把文化事业和文化产业区分开来，文化事业属于精英文化，主要在于文化的挖掘、创新和传承，文化事业由政府投入和管理，争取出文化精品。社会主义文化体制鼓励大部分文化部门走产业化和市场化道路，文化产品要符合人民的需求，符合市场的需要，把文化产品做大做强，促进社会主义文化大发展大繁荣。可见，社会主义文化制度和体制既扶持文化事业的快速发展,又鼓励文化产业的大发展,以文化发展带动经济发展,促进整个社会的发展。从而,社会主义核心价值所代表的文化制度和体制是先进的。

(2)合理性

社会主义核心价值从社会的深层、本质、全局和战略高度揭示和表征着人民的根本需要和社会主义国家的核心利益,这就抓住了主要矛盾和矛盾的主要方面。但社会主义核心价值并不排挤非核心价值也即一般性价值,而是把一般性价值作为自身存在的外围和边缘,作为自身的保护层。正是有一般性价值的存在,社会主义核心价值才显示出它的核心性、深层性和战略性,核心价值也才有作用的对象,也即对一般性价值起主导、支配和引领作用。如果没有一般性价值的存在,社会主义核心价值既不能显现其核心和内核特性,也发挥不出决定和引领作用,从而也就无所谓核心价值的存在。正是有社会主义核心价值和一般性价值的同时共处和有序结合,才显示出核心价值的特点和它的作用,同时也显示出了核心价值的科学性和合理性。社会主义核心价值的合理性反过来又进一步显示了核心价值的宽容性和有序性,社会主义核心价值把一般性价值纳入在自己的周围和边缘,既壮大了自己的力量,又为一般性价值的存在提供了条件和保障,同时还把社会价值体系安排得井井有条,各种价值各安其所,各尽其职,功能互补, 在核心价值体系和社会所有价值体系中发挥应有的作用,为社会主义社会的进步添砖加瓦。

社会主义核心价值的合理性还在于, 它不局限于社会的某一方面, 而是从社会的全局和本质揭示和表征着社会主义核心价值,即从社会主义政治、经济和文化等社会的主干揭示和表征着社会主义核心价值,这样,社会主义核心价值就不会走向极端和片面。社会主义核心价值的全面性也就是它的科学性和合理性之所在。但社会主义核心价值的全面性又不是面面俱到,不分主次,不分主流和支流,而是有重点有主流的全面性。社会主义经济核心价值是基础,是社会主义发展的根本动力,社会主义政治核心价值是根本保证,保障社会主义发展的根本方向,社会主义文化核心价值是血肉,为社会主义建设事业提供精神支撑。所以,社会主义核心价值既全面,又有重点,是面和点的有机结合,这也可看出社会主义核心价值的科学性和合理性。

从社会主义核心价值的作用也可看出它的合理性。社会主义核心价值既在其核心价值体系内发挥作用,也对核心价值体系外的其他价值体系发挥作用。在社会主义核心价值体系内,主要的核心价值对下一级的核心价值发挥作用。更为根本的是,社会主义核心价值对非核心价值、一般性的价值甚至负面价值发挥作用,引领非核心的和一般性价值,教化、转化负面价值。社会主义核心价值对一般性价值的引领最终是对人的引领,在社会主义社会,所有人民大众都要受社会主义核心价值的引领,都要为社会主义核心价值体系建设作出自己的贡献。从这一角度说,社会主义核心价值的引领是全面的,又是很有针对性的,并将会富有成效的。这些都是社会主义核心价值合理性的重要表现。

(3)人民性

社会主义核心价值属于社会主义公共价值的范畴,但又不是一般的公共价值,而是处于核心地位,并对其他公共价值起决定和支配作用的公共价值。既然社会主义核心价值属于公共价值的范畴,那么社会主义公共价值的特性也是核心价值所具有的。社会主义公共价值的最显著特点就是价值主体的广泛性,就是说凡是社会主义劳动者、拥护社会主义的爱国者和拥护祖国统一的爱国者都是社会主义公共价值的主体，也同样是社会主义核心价值的主体，从而社会主义核心价值体现了广泛的人民性。

社会主义核心价值的人民性首先是价值取向和价值服务的人民性，即是说，社会主义核心价值的主体是人民大众，价值取向和服务的对象是人民大众，并且社会主义核心价值的人民性是真实的，即是站在人民真实需要和利益的立场上，提供着人民切实需要的公共产品。从而，社会主义核心价值的人民性是真实，是真真切切能实现的，这主要是在社会主义社会，作为领导阶级的共产党的利益同人民的利益是一致的，社会主义核心价值是共产党和人民大众的共同核心价值，共产党核心价值的实现也就是人民核心价值的实现。社会主义核心价值的人民性同阶级社会核心价值的阶级性存在着本质的区别。

社会主义核心价值的人民性还在于核心价值的确定、建设和共享具有人民性。以什么价值确立为社会主义核心价值，这要根据社会的战略发展、社会主义建设的主要任务和人民的根本需要，并且把人民的根本需要放在首位，社会的战略发展和社会主义建设都要以人民的根本需要为基础和中心。同时，在确定社会主义核心价值时，要听取人民的广泛建议，做到充分发扬民主，人民一致的建议和意见是确立社会主义核心价值的主要依据。

确立了社会主义核心价值，就要把理想的、应然的核心价值变为现实的价值成果，核心价值的这一转变要靠人民群众的价值实践，以社会主义核心价值为动力和目标的实践，是建设社会主义核心价值体系的唯一力量，这是历史唯物主义的基本观点，人民群众是历史的创造者，人民群众是社会主义核心价值体系的建设者和创造者。在建设社会主义核心价值体系过程中，人民有权知晓和监督其过程中出现的各种新情况新问题，并且也只有通过人民的力量才能解决这些新情况新问题。因此,社会主义核心价值体系建设过程中也充分体现了人民性。

社会主义核心价值成果的人民共享性。人民参与了社会主义核心价值的确立,参与了社会主义核心价值体系的建设,那么人民就应该享受社会主义核心价值成果。在社会主义社会,这一点也是能做到的,社会主义的分配制度的主体是按劳分配,人民参与了社会主义核心建设体系建设,就有权享受核心价值的成果,正如十七大报告所指出的:发展为了人民、发展依靠人民、发展成果由人民共享。从价值角度说,社会主义核心价值体系建设是为了人民,社会主义核心价值体系建设依靠人民,社会主义核心价值成果由人民共享。

在阶级社会,统治阶级总是把本阶级的核心价值和根本利益说成是全社会的核心价值和根本利益,说成是人民大众的核心价值和根本利益,阶级社会的核心价值在表面上也具有人民性,但这种人民性是虚假和欺骗的人民性,在虚假人民性背后实质上是统治阶级的核心价值和根本利益。

社会主义核心价值的人民性才是真实的人民性,因为,社会主义是消灭了阶级对立和阶级剥削的社会,共产党的核心价值和根本利益、社会的核心价值和根本利益与人民群众的核心价值和根本利益是根本一致的。从而,社会主义核心价值无论在内容还是形式,无论现象还是实质,也无论眼前还是长远,其人民性是始终一致的。

社会主义核心价值的特点还有许多,公共价值的一般特点,社会主义公共价值的特点也是社会主义核心价值所具有的。

3.社会主义核心价值的地位和作用

像任何社会形态的核心价值一样，社会主义核心价值在价值体系占主导地位和起决定和支配作用，不过社会主义核心价值的决定和支配作用的方式同以往社会核心价值的作用方式是不一样的。

在阶级社会，核心价值是统治阶级根本利益所在和表达，核心价值在价值体系中的决定和支配作用是通过统治阶级的强制手段和方式进行的，使其他社会价值被迫屈服与核心价值，其结果是统治阶级获取其根本利益，实现统治阶级的统治。

社会主义核心价值在社会价值体系中的决定和支配作用不像阶级社会那样通过高压和强制的手段进行，社会其他价值也不是被迫地屈服核心价值，而是通过平等对话和协商方式，通过服务和互惠的方式使社会其他价值吸引在核心价值的周围，这种决定和支配方式是双方自愿、自觉和共赢的。从而，既有利于社会主义核心价值的巩固和影响，也利于社会其他价值成长和作用，是一个双赢的过程。

社会主义核心价值对社会其他价值的决定和支配既是显示核心价值的力量的过程，也是社会其他价值的吸引和归属过程；既是巩固社会主义核心价值基础的过程，也是服务、提携、引领和培养其他社会价值的过程，其目标是一致的，都是为了建设社会主义核心体系，为了中国特色社会主义建设。

社会主义核心价值对其他社会价值的决定和支配作用的效果如何，一要看社会主义核心价值本身的魅力和品格，社会主义核心价值揭示了社会主义社会的本质，预示着社会主义的前进方向，可以说，社会主义核心价值是人类历史上最真实、最合理和最有效的价值,它所具有的魅力和品格完全有能力决定和支配其他社会价值。二要看社会主义核心价值是否包含和代表其他社会价值主体的利益。社会主义核心价值主体是广大的人民群众,从而社会主义核心价值的利益取向是全体人民大众,所以,社会主义核心价值就包含了人民大众的根本利益。当然,人民大众除了其根本利益外,还有别的利益,这些利益彼此各有特点和差异,人民大众各自的特殊利益也只有以社会主义核心价值为依托才能得以实现。三是看社会主义核心价值作用的手段和方式。社会主义核心价值的决定和支配作用主要是通过扶持和培育其他社会价值实现的,提供其他社会价值实现的条件,帮助其他价值主体解决实际问题,给其他价值主体带来实惠。

社会主义核心价值具备了以上三方面条件和能力,从而,社会主义核心价值决定和支配作用是富有成效的,把整个社会价值紧紧围绕在自身周围,构成一个有中心、有外围、有边缘的有序的社会价值体系。

二、社会主义核心价值观的内容、特性和作用

核心价值体系是核心价值和核心价值观的有机统一，核心价值体系不仅以价值实存形态表现自身,而且也以观念形态即主观精神和思想文化形态表现自身,核心价值体系在主观精神和思想文化中的表现就是核心价值观;作为观念形态的核心价值观也要以实存的核心价值为存在基础和内容,社会主义核心价值体系的观念形态是对社会主义核心价值体系实存形态的反映、建构和凝

练,也即是社会主义核心价值观。

1.社会主义核心价值观的基本内容

社会主义的核心价值观是对实存形态的社会主义公共价值特别是核心价值的反映和建构,是对中国特色社会主义建设实践的理论总结和概括[①]。像社会主义核心价值在整个价值体系中处于核心地位和起主导作用一样,社会主义核心价值观在社会主义整个价值观体系中也处于核心地位和起主导作用。正由于此,社会主义核心价值观有能力、有条件引领社会思潮。

社会主义核心价值观的内容是非常丰富的,社会主义核心价值存在于政治、经济、科技、文化和民生等领域,那么,其核心价值观相应的也表现在这些方面。中共中央办公厅印发《关于培育和践行社会主义核心价值观的意见》用"富强、民主、文明、和谐;自由、平等、公正、法治;爱国、敬业、诚信、友善"这 24 个字简短、精炼、通俗地概括了社会主义核心价值观的基本内容。社会主义核心价值观的三大层面既是一个由顶层到底层、由理想到现实、由宏观到微观的纵向垂直构架,又是一个由国家价值目标、社会价值取向和个人价值准则的横向敞开结构,社会主义核心价值观的这一纵横交叠的层面,既彼此区别,又相互衔接包含,共同表征着社会主义核心价值体系的实质,并从思想观念和行为实践两大方面指引着社会主义核心价值体系建设。下面从社会主义核心价值观的三大层面择其"和谐、公正和诚信"展开对社会主义核心价值观的简要论述。

(1)和谐 在中国传统文化中,和谐思想是非常丰富的,并且

①参见张小娟:《公平正义:社会主义核心价值观的价值基础》,载《中央社会主义学院学报》2011 年第 3 期。

是中国传统文化一大特征,“天人合一”实质上就是一种和谐思想,指人与人、人于社会、人与自然之间的和谐、安宁状态。“中庸之道”实质是一种和谐之道,不偏不倚,顾及、统筹全局,使全局各部分处于稳定、和睦和协调状态。有学者把中国传统文化概括为“和合观”或“和合哲学”是中肯的,这实质上也就是一种“和谐观”或“和谐哲学”。

西方传统也追求和谐和稳定,这种和谐主要是一种结局,其起点和过程则是矛盾和冲突的,和谐是在经过激烈的冲突、斗争、竞争和征服后的一种较为平静和愉快的状态。而中国传统的和谐观不仅是结局的和谐,而且也是起点和过程的和谐。当然中国传统并不回避矛盾,而是肯定和谐中包含有矛盾和差异的,也就是“和而不同,同则相继”,不过要把矛盾和差异控制在一定的范围,不至于发生激烈的冲突和震荡,始终保持和谐状态。

马克思主义揭示了社会发展的规律,认为共产主义社会不仅是生产力高度发展的社会,而且也是最理想的和谐社会,是人的自由而全面发展的社会,是人的各种特长、潜能和社会关系全面发展的社会,是人与人、人与社会、人与自然高度和谐的社会,是“作为完成了的自然主义 = 人道主义,而作为完成了的人道主义 = 自然主义,它是人和自然之间、人和人之间的矛盾的真正解决,是存在和本质、对象化和自我确证、自由和必然、个体和类之间的斗争的真正解决。”①

和谐观即是关于社会和谐的观念和观点。和谐是指事物与事物之间以及事物内部各要素之间的协调、互补、互利、合作和共赢的关系及状态,是事物的重要特性。

---

①马克思:《1844 年经济学哲学手稿》,北京:人民出版社 2000 年版,第 81 页。

和谐是一种稳定状态，即是没有激烈的冲突和猛烈的动荡的安稳和安宁，但和谐比稳定更具有活力和人性化，即和谐不只是安稳和安宁，而且是一种和睦、互助、互爱和互利的友好状态，因此，和谐总是同人类社会相关的，实质指的社会和谐或和谐社会。

社会和谐是社会内部各要素之间及与外部各要素之间的存在有序、性质相融、功能互补的合作关系；是社会经济、政治、文化等的协调发展，是人与人、人与社会、人与自然之间的协调发展。社会和谐是人的自觉活动的结果，是社会规律和特性的重要表现。

社会和谐不是社会各要素的均质和等同，如果是这样，社会将是单一的、机械的、僵化和死寂的，这样的社会不存在和谐，也不需要和谐。社会和谐命题本身就内蕴着社会各要素之间的差异，即社会各要素的地位、结构和规模不同、性质各殊、作用和功能不均等的差异。社会各要素存在着差异，说明社会和谐是包含着矛盾和问题的和谐，正由于此，社会和谐是不断发展的、生机勃勃的和谐，和谐社会是充满创造活力的社会。另一方面，社会各要素之间的差异也是不断发展分化的，如果不对其加以制度引导、保障和有效管理，把它们控制在一定的公正、合理的范围内，社会各要素的差异和分化会进一步扩大，甚至会分化到对立和对抗的地步，这样就会影响社会的稳定与和谐，甚至使社会走向分裂和瓦解。因此，社会一旦出现了矛盾和问题，就要采取有效方法和手段，及时地解决这些矛盾和问题，不至于成为影响社会和谐的消极因素，和谐社会的构建就是一个不断解决社会矛盾和问题的持续过程，从而使社会矛盾和问题控制在和谐和有序范围内，从而使社会各群体及个人各安其位，各施其才，各得其所，相互处于协调、互补、互利、合作和共赢的关系中，使社会处于和谐状态。

社会主义和谐社会的建设就是“要按照民主法治、公平正义、诚信友爱、充满活力、安定有序、人与自然和谐相处的总要求和共同建设、共同享有的原则,着力解决人民最关心、最直接、最现实的利益问题,努力形成全体人民各尽其能、各得其所而又和谐相处的局面,为发展提供良好社会环境。"①

人与人的和谐是指人与人的和睦相处关系,资源利用、利益分配、需要诉求、日常交往等都处于合理、友好状态,这就需要一种有效的机制来调节人与人的关系,这种机制既有制度的,也有约定的,还有公共愿望和信念的,正是这些机制的运转和作用,就促使和维系人与人的和谐关系。

人与社会的和谐是指人与社会制度、政策和法规及国家行政权力处于亲密和友善的关系中,社会制度和政策的制定要以人为本,充分体现人民的愿望,兼顾各社会群体的诉求和利益,有效配置社会资源,合理调节各种利益关系,充分体现公平正义。国家行政权力要做到权为民所用,利为民所谋,行政全力在公平、透明和合法化轨道上运行。

和谐社会真正体现人民当家作主,人民有表达自己的愿望、需求和利益的渠道及机制,人民有权参与公共政策的制定、修改和评估,有权监督公共政策的执行情况,有权监督行政权力的运行和效果。人民要遵守、执行和维护社会制度和公共政策,配合行政权力的运行,维护国家形象,爱党爱国,为建设社会主义和谐社会作出应尽的贡献,使人与社会和谐相处,共同发展。

人与自然的和谐是指人与自然环境之间的平衡与协调的关系。人民的生产和生活都离不开自然环境,自然生态的好坏是衡

①胡锦涛:《高举中国特色社会主义伟大旗帜为夺取全面建设小康社会新胜利而奋斗——在中国共产党第十七次全国代表大会上的报告》,北京:人民出版社 2007 年版,第 17 页。

量人民生活质量的一个重要指标，因此，社会和谐还包括人与自然的和谐。随着工业化的不断推进和经济的发展，自然资源越来越短缺，生态环境也越来越遭到破坏，人与自然的关系越来越紧张，越来越失衡，有时达到严重恶化的程度，这不是哪个国家的问题，而是一个全球性的问题，这已引起了国际组织和各国政府的高度重视。

社会主义国家也面临着生态环境问题，因此，必须增强环保意识，保护生态环境，坚持走可持续发展的道路，一定要善待自然，同自然保持合作、互利、共荣和平衡的关系。“必须把建设资源节约型、环境友好型社会放在工业化、现代化发展战略的突出位置，落实到每个单位、每个家庭。”[①]使我们的天更蓝，山更绿，水更清，环境更优美，促进人与人、人与社会、人与自然的和谐发展，构建社会主义和谐社会。

（2）公正 公正是公平和正义的合称，就总体而言，公平和正义是不可分割地联系在一起的，离开正义无所谓公平，离开公平无所谓正义，只有建立在公平基础上的正义才是真正的正义，只有达到正义的公平也才是真正的公平。但根据当代美国政治哲学家罗尔斯的观点，公平和正义有时也会分离，也会产生矛盾和冲突，正义并非总是基于公平。为了解决公平和正义之间的矛盾，罗尔斯提出了“作为公平的正义”的观点，用公平来限制正义，从而把公平和正义更紧密地结合在一起。

公正观就是关于公平正义的观点和理念。从政治哲学的角度说，公正就是社会公共政策的制定、执行和效果（也即起点、程序和结果）对所有民众都是平等、公开和透明的。从伦理学角度说，

①胡锦涛：《高举中国特色社会主义伟大旗帜为夺取全面建设小康社会新胜利而奋斗——在中国共产党第十七次全国代表大会上的报告》，北京：人民出版社2007年版，第24页。

公正是指人们在处理人与人及人与社会的关系上做到不偏不倚、公道、正直和正派。作为社会主义核心价值观的公正观主要取其政治哲学的含义。

公正是一个古老而常新的话题，是人类永恒追求的生存状况和理想境界，之所以这样，是因为公正不仅是理论上的难题，更是实践上的难题，人类社会的每一进步，都是向公正迈出了坚实的一大步，但最公正的理想社会至今还未出现，或许也永远不会出现，正由于此，公正成为人类不懈追求的生存状态和永恒的话题。

在中国漫长的封建社会，儒家思想成为占统治地位的意识形态，成为统治人们、教化人们的主流思想和文化，儒家思想虽经几代先人的传承而有所演化和发展，但其精神实质则是一以贯之的，这就是长幼有序、亲疏有别的宗法等级观。并且，中国封建社会是“家国同构”或“家国一体”的社会结构，社会是放大的家庭，家庭是缩小的社会，君君、臣臣、父父、子子的社会等级结构则是家庭结构的放大，也是一种纲常名教的宗法等级观。简言之，中国封建社会是等级森严、缺乏公平正义的社会。

但在儒家学说中，也不乏公正思想的火花，如孔孟儒家的公私之辨、义利之辨及仁爱思想，孟子的“养浩然之气”、儒家的“天下为公，选贤与能”[①]的理想等都包含或折射出一定的公平、正义的思想火花。

即使在等级森严的封建社会，追求公正仍然是人们的希望和理想，在中国社会的历次农民起义中，总是以“等贵贱，均贫富”等为口号和旗帜，并以此发动农民揭竿而起。农民起义的口号和旗帜虽然打上了平均主义的小农思想的烙印，但却包含着一定的公

①《礼记·礼运》。

正内容，并向往着理想的公平社会。宋代包公办案的铁面无私至今传为佳话，至少说在当时社会还是存在着公正的事实的，公平正义是人们所追求的理想。

较系统和典型的公正思想应该说是文艺复兴和启蒙运动时期的早期资产阶级提出的，他们从人性和人权出发，提出“人生而平等”，并以自由、平等、博爱为思想旗帜，发动了资产阶级革命。当资产阶级取得统治地位，建立了资产阶级政权后，把自由、平等、博爱意识形态化和法律化，并写入宪章。但在资本主义私有制条件下，很难实现真正的自由、平等、博爱，从而使自由、平等、博爱形式化，并成为资产阶级发财致富的伪装和幌子。其实，早在古希腊，柏拉图和亚里士多德就提出过公平正义的思想，但他们只是赋予公平正义的伦理学和政治学含义，不可能把公平正义上升到法律和意识形态的高度。近代资产阶级首次把公平、正义、自由、平等、民主上升到宪政和意识形态的高度，这是历史的巨大进步。

约翰·罗尔斯认为，公正就是平等地分配公民的权利和义务，并且他提出了两个正义原则：政治平等自由原则和机会的公正平等原则和差异原则。政治平等自由原则是指“公民的基本自由有政治上的自由（选举和被选举担任工职的权利）及言论和集会自由；良心的自由和思想的自由；个人的自由和保障个人财产的权利；依法不受任意逮捕和剥夺财产的自由。”[①]机会的公正平等原则和差异原则主要“适用于收入和财富的分配，以及对那些利用权力、责任方面的不相等或权力链条上的差距的组织机构的设计”[②]。在

①［美］约翰·罗尔斯：《正义论》，何怀宏、何包钢、廖申白译，北京：中国社会科学出版社1988年版，第57页。

②［美］约翰·罗尔斯：《正义论》，何怀宏、何包钢、廖申白译，北京：中国社会科学出版社1988年版，第57页。

罗尔斯看来，第一个原则优先于第二个原则，第二个原则中的机会的公正平等原则又优先于差异原则，而差异原则被严格限定在只给最少受惠者带来补偿利益的不平等分配，否则就破坏了机会的公正平等原则。

公平正义是马克思主义的应有之义，马克思主义激烈抨击资本主义,代替资本主义的共产主义社会是公平、正义、民主和自由的社会,是“每个人的自由发展是一切人的自由发展的条件”①的社会,是“人终于成为自己的社会结合的主人,从而也就成为自然界的主人,成为自身的主人——自由的人”②的社会。

马克思主义的公正观是建立在消灭了私有制，消灭了阶级和剥削的基础上的，从而马克思主义的公正观是形式和内容、理想和现实、理论和实践的有机统一,从而是真正的公正观。

作为社会主义核心价值观的公正观是马克思主义公正观在社会主义现代化建设实践中的运用和发展，又吸收了中西方公正观的合理成分，形成了社会主义的公正观。社会主义公正观的第一要义就是在宪法和法律上确立公正的合理性和合法性。党的十七大报告指出:“加强宪法和法律实施,坚持公民在法律面前一律平等,维护社会公平正义,维护社会主义法律的统一、尊严、权威。”③然后，社会主义公正观以宪法和法律为基础向整个社会公共政策延伸，公共政策的内容要体现社会公正，公共政策的功能要维护社会公正。

---

①《马克思恩格斯选集》第 1 卷,北京:人民出版社 1995 年版,第 294 页。

②《马克思恩格斯选集》第 3 卷,北京:人民出版社 1995 年版,第 760 页。

③胡锦涛:《高举中国特色社会主义伟大旗帜为夺取全面建设小康社会新胜利而奋斗——在中国共产党第十七次全国代表大会上的报告》,北京:人民出版社 2007 年版,第 31 页。

首先，公共政策的设计和制定的起点公正。公共政策是公共制度的具体化，是政府部门设计、制定的解决公民关心的公共问题、分配公共利益的程序和办法。公共政策是适应于全体公民的，具有社会的普遍性。公共政策是关于公民利益分配的政策，而公民的具体情况和条件是非常复杂的，不是处于同一条件和情况下的，公共政策的设计和制定要做到起点公正，就不能以部分公民的条件和情况作为根据，而应把所有公民的不同条件和情况都统统抹去和隐藏起来，或者取其所有公民条件和情况的平均数值，在这种罗尔斯所称的“原初状态”或“无知之幕”中来设计和制定公共政策，就能做到起点公正。

其次，公共政策执行中的程序公正。要做到公共政策执行过程中的程序公正，就必须要落实有力，执行坚决，使公共政策不走样、不变样，不增减其程序的步骤，不受外来因素的干预，使公共政策顺畅地执行。程序公正是公共政策公正的关键，因为它是体现公正的实质因素和阶段，不公正因素也往往出现在这一阶段。这主要在于程序公正是公共政策同每一公民的兑现，是每一公民利益的获取和实现，而每一公民的具体情况又是千差万别的，同一公共政策要在公民中具体落实，有一个灵活运用和不同方法的解决问题，只有秉着以人为本的原则，把人当目的，又不违背公共政策的精神来解决具体问题，才能做到程序的公正。罗尔斯正是看到了程序正义的复杂性，他区分了完善的程序正义和不完善的程序正义两种情况：完善的程序正义是指有一种确定的有关结果公正的标准，并有保证达到这一结果的程序；不完善的程序正义是“当有一种判断正确结果的独立标准时，却没有可以保证达到它的程序。"[①]最后,公共政策执行的结果公正。所谓结果公正是指每一公民根据自身的条件和情况获取相应的利益份额和取得同自身相称的结果。一般说来,公共政策设计的起点公正和执行的程序公正,其结果也是公正的,需要注意的是,结果公正并不意味着结果的平均,而只是平等,即同自身情况相称的结果,结果的平均主义绝不是公正,反而是不公正。社会主义的按劳分配原则就体现了公共政策执行的结果公正。

要做到公共政策的起点、程序和结果公正,必须要有公民的参与、监督和评估,因为,公共政策的设计、执行和结果不是自发地进行的,而是由人支配和操作的,而人的理性总是有限的,人性也有不善之处,所以,公共政策的设计和执行的整个过程,必须有公民的参与、监督和评估,以增加公正的成分。所以,公正和民主又是不可分,没有民主,是不可能做到公正的,民主是促进公正的重要力量。

(3)诚信 诚信是诚实和信任的组合,诚实有两层含义,一是指人的言行和思想一致;二是指人的言行和思想同客观实际情况一致,也就是说话和办事都要实事求是,从客观实际出发,同客观实际相符合,否则就是虚伪,说一套做一套,这是不诚实、不实不靠谱的人,是品行有问题的人,会遭到他人的鄙夷和蔑视的人。在书面和日常理解中,我们往往注意诚实的第一层含义,而忽视第二层含义,只有从这两层含义理解诚实才是全面的。信任通常是指以自己的诚实、诚恳、忠厚而博得他人对自己的信赖、信用和尊重,从而也赢得好的信誉和名声。

诚信实质上涉及到自我以及自我与他人关系的诚实问题,而

①[美]约翰·罗尔斯:《正义论》,何怀宏、何包钢、廖申白译,北京:中国社会科学出版社1988年版,第82页。

只有自我的诚实，才能取得他人对自己的信赖，信任主要是在人与人的交往中的守信和遵守诺言，因此，个人或自我的诚实处于更基础的地位，诚信就是由个人的诚实和人际关系中的守信组合而成的。

在中国传统文化尤其是儒家文化中，诚和信是其重要的内容，也是其道德哲学的核心范畴，儒家文化中的诚和信主要是指个人的品行和修养，虽然它被笼罩在封建的等级秩序中，并具有浓厚的愚忠封建色彩，但在个人的道德修养和品行实践中却起到了重要作用，对于维护社会稳定和秩序具有重要意义。

儒家文化的诚信思想，去掉其封建等级和愚忠的落后内容，是可以吸收到社会主义核心价值体系建设中来的。在当代中国，要建设社会主义核心价值体系，要践行社会主义核心价值观，诚信建设是其重要方面，是个人价值准则的重要内容。

当然，我们要结合当代现实，在改革开放和国际化的社会背景下进行诚信建设。要把诚信当作个人的价值准则和行为规范，首先就要进行个人的道德修养，做一个诚实、踏实、忠诚的人，做一个言行一致，不弄虚作假的人。在人际交往中，要做到说话算数，一言九鼎，君子一言，驷马难追，做一个守信誉，守信任的人。这样，才是一个有道德，有品行，有修养的人。

诚信虽然主要是个人的价值准则和道德规范，但同时也是全社会要树立和倡导的社会风尚和精神风貌。社会是由无数个人组成的，个人都守诚信，讲信任，这会在全社会形成合力和强大的软实力，形成良好的社会风气和精神风范。

在当代社会，诚信是个人道德品质的重要表现和社会良好精神风貌的体现，但诚信的意义和作用不只在于道德领域，还延伸到广泛的经济、政治领域。

当今社会是市场经济社会，虽然资本的增值和赢利是市场的本质和运作方式，但市场经济是法治经济和信誉经济，不守法、不规范和不守信不但不是市场经济的特征，反而会扰乱市场经济的秩序，只有守法和守信才能赢得资本的增值，也才能在市场经济的大潮中立于不败之地。因此，建设社会主义的市场经济客观上要求各经济主体讲信守信，使社会主义市场经济在法治和诚信的轨道上运行，这样才能取得经济建设的成果。

在当今社会的政治领域，诚信也是非常重要的。就国内政治而言，治理和管理者不仅只要求广大民众有诚信，而且治理和管理者对广大民众要讲诚信，要取信于民，只有这样，民众才能信任政府，政令才能畅通，国家才能兴旺发达。

就国际政治而言，在对外关系上，要秉着平等、互利和诚信的原则同他国进行政治、经济和文化的往来，国际关系同人际关系是相似的，一个守信的国家才会在对外关系中讲信任，这样才会赢得他国的信赖和尊重，从而也赢得国际的声誉和提高了本国的软实力。反之，一个无赖的国家是无诚信可言的，在对外关系上也就会失信于他国，从而就失去了在国际舞台的地位，对本国的发展是极为不利的。

在建设中国特色社会主义的实践中，加强个人和社会的诚信建设不只是道德文化建设和践行社会主义核心价值观的问题，而是涉及到经济建设、政治建设等全社会建设的重要问题，我们一定要把中国的诚信建设好。

国家层面的价值目标注重的是国家制度上的价值理想和价值追求，具有强大的国家形态和制度保障性；社会层面的价值取向注重的是全社会民众的价值愿望和渴求，它虽然也是价值理想和目标，但是近期的价值理想和目标，即是就在眼前的，能做得到，能得到满足的价值渴望，具有广泛的社会性、民众性、可操作和可实现性；公民个人层面的价值准则注重的是微观个人的道德规范和行为准则，这种道德规范和行为准则虽然同民众现行的道德规范和行为准则还有些差距，但它是基本的底线规范和准则，即是广大民众都应该做的，也都能够做的规范和准则，具有个体性和现实性，应然性和实然性。

社会主义核心价值观虽然包含有不同的层面、不同的要求和不同的理性层次，但社会主义核心价值观是一个有机整体，成为社会主义核心价值体系的支点和内核。

社会主义核心价值观既立足于中国本土和现实，又继承了中国传统和面向世界，是中国和世界、本土和域外、当代和传统的有机统一体。

2.社会主义核心价值观的特性

社会主义核心价值观是社会主义核心价值体系的内核，也就是社会主义核心价值体系的观念形态，是对社会主义核心价值体系实存形态的反映和建构，同社会主义核心价值体系的实存形态须臾不离，我们只要说到社会主义核心价值体系就意指它的实存形态和观念形态的统一。

社会主义核心价值和核心价值观如影随形，那么，社会主义核心价值的特征和作用也是核心价值观所具有的，是在意识、观念和精神的层面上呈现出社会主义核心价值的特征和作用。我们知道，实存形态的核心价值具有深层性、根本性、战略性、内核性、轴心性，社会主义核心价值还具有先进性、合理性和人民性，而社会主义核心价值观也具有这些特征。社会主义核心价值观同社会主义核心价值一样在价值体系中发挥出决定的和支配的作用，不但如此，一般价值观的作用如选择、定向、调控、评估、整合、凝聚等作用也是社会主义核心价值观所具有的。不过，社会主义核心价值观毕竟是核心价值观，核心性是它的最本质特征，那么，它的特征和作用就不完全等同于一般价值观，而显示出它的核心特征和主导作用。

任何价值观都是在长期的生产生活实践中，逐渐积淀而成的，它有明显的取向性和相对稳定性。就是说，价值观总是指引着人们的生产生活实践朝有利、有效的方向发展，而避免无利、无效甚至负效方向发展，这就是价值观的取向性或方向性。价值观的相对稳定性是价值观不同于具体、个别的意识和观点，而是总体的、根本的和深刻的观念和思想，它的形成是逐渐积淀而成的，这样形成的价值观是相对不变的。另外，只要生产生活环境没变，价值观的导向作用也就没必要变，这也是价值观相对稳定性的重要基础。当然，价值观赖以存在的基础发生了变化，那么，价值观也会发生相应的变化。

(1)社会主义核心价值观的社会主义取向性 社会主义核心价值观不只是指个人或群体核心价值观，而是指社会主义社会核心价值观，是人民群众共同拥有和信奉的核心价值观，因此，社会主义核心价值观的取向是全社会和人民群众，而不只是个人或群体。就是说，社会主义核心价值观不是个体或群体价值观，而是社会价值观和公共价值观，这里说的社会主义核心价值观不是个人和群体价值观，是指这种核心价值观不被个人或群体独占和独有，而是全社会和人民群众共同拥有的价值观。社会主义核心价值观同个人和群体价值观是相互重叠的，社会主义核心价值观要求个人和群体都要学习、内化和践行它，并成为个人和群体价值观中占主导的组成部分，社会主义核心价值观实质上是无数个人和群体价值观中的占主导地位的共同内容,社会主义核心价值观是从社会的高度表征着无数个人和群体价值观中的共同内容。所以,社会主义核心价值观的社会取向性包含着个人和群体取向性的共同内容。

社会主义核心价值观的社会取向性指引着社会主义的发展方向,就中国而言,社会主义核心价值观指引着中国特色社会主义的发展方向,指导着社会主义建设的时代课题和战略任务,提供着解决社会主义各种矛盾和利益冲突的原则和方法,提供着处理各阶层利益关系的机制和手段,从而为社会主义社会的和谐和稳定提供根本的保障。

社会主义核心价值观的社会主义取向实质上也就是人民取向,因为,社会主义社会是消灭了剥削阶级的社会,各阶层的根本利益是一致的,人民的利益、国家的利益和党的利益在根本上是一致的。从而,社会主义核心价值观的社会取向和人民取向具有高度的一致性,核心价值观的社会取向也就是人民取向,核心价值观的人民取向也就是社会取向。社会主义核心价值观的这种价值取向表明,社会主义社会的发展就是为了人的全面发展,为了人民的幸福生活,社会主义社会为人的全面发展和人民的幸福生活提供制度保障和各种所需产品,同时,人民的社会实践和辛勤劳动又为社会主义建设添砖加瓦,推动着社会主义社会的不断发展和进步。

核心价值观的社会取向和人民取向的这种高度一致只有在社会主义才能实现,在阶级社会是不可能实现的。阶级社会核心价值观是统治阶级取向的,是代表统治阶级利益的,统治阶级所宣扬的社会取向和人民取向只不过是遮人耳目已。而社会主义核心价值观的价值取向实现了社会、人民和政党的真正统一,这是社会主义核心价值观不同于以往社会核心价值观的本质特征之一。

(2)社会主义核心价值观意识形态的真实性 任何核心价值观都具有意识形态性,社会主义核心价值观是社会主义意识形态的本质表现,在意识形态这一特点上,社会主义核心价值观同以往的核心价值观也有本质上的区别。

在阶级社会,核心价值观是统治阶级利益和意志的表达,而统治阶级的利益和意志是凌驾于人民之上,并且是同人民的利益和意志相对立的,这就是说,阶级社会核心价值观的推行和实现,只给统治阶级带来利益,对人民是无益的甚至是有害的。既然阶级社会的核心价值观只反映和代表统治阶级的利益,那么阶级社会的核心价值观具有强烈的阶级性,它的意识形态性实质就是其阶级性,从而其意识形态性是虚假的和虚伪的。

在社会主义社会,作为剥削的阶级已消亡,那么,社会主义核心价值观既是国家利益和意志的表达,也是党的利益和意志的表达,同是还是人民利益和意志的表达。因为在社会主义社会,国家利益、党的利益和人民利益是根本一致的,不存在根本的对立和冲突,但存在差异和各自的特点,可以通过制度设计和国家调控来协调这三者的关系,使之处于和谐有序状态。

社会主义核心价值观是社会主义意识形态的本质表现,这种意识形态性不是凌驾于国家和人民利益之上,而本身就是国家、党和人民利益的表达和体现,从而,社会主义核心价值观的意识形态是真实的,而不是虚假的,是内容和形式、理论和实际、国家性、党性和人民性的高度统一。

意识形态是经济基础的反映,它是从社会整体反映该社会现实和发展趋势,意识形态又总是通过一定的统治阶级的治国理念和思想意识表现出来,从而意识形态又具有阶级性,有时我们往往把意识形态和阶级性等同起来,在许多情况下的确如此。但意识形态同阶级性还是有区别的,意识形态从社会层面反映该社会的经济基础,它具有社会层面性,而阶级性只是反映统治阶级的利益和意志,阶级性只具有阶层性。当然,如果阶级性既是该统治阶级利益和意志的表达,也是该社会经济基础的表达,那么,阶级性和意识形态性就基本重合。但在阶级社会,阶级性只反映统治阶级的利益和意志,经济基础则服从和服务于阶级利益和意志,从而其阶级性和意识形态性是分离的,但统治阶级又往往把其阶级性视作同经济基础相适应的,并冒称为意识形态,这样,统治阶级所宣扬的意识形态性实质上是其阶级性,从而,其意识形态是虚假的,马克思批判德意志意识形态的虚假性也应是这种含义。

社会主义核心价值观是社会主义意识形态的本质体现,社会主义核心价值观是社会主义经济基础的反映,揭示了社会主义的本质特征和发展趋势。同时,社会主义核心价值观反映了共产党的根本利益和意志,从而,社会主义核心价值观又具有阶级性。同阶级社会核心价值观不同的是,社会主义核心价值观的阶级性和意识形态性是高度一致的,它并不需要把阶级性凌驾于国家和人民之上,也不需要用阶级性来冒称意识形态性,进而掩盖阶级性的本质。社会主义核心价值观反映和代表了党的利益和意志的同时,也就反映和代表了国家和人民的利益和意志,因为,在社会主义社会,党的利益就是国家的利益和人民的利益,党没有自己特殊的和独立的利益。正由于此,社会主义核心价值观的阶级性实质具有国家性和人民性,这种阶级性是对社会存在特别是经济基础的反映,也就是属于上层建筑和社会意识,具有强烈的意识形态性。

社会主义核心价值观是意识形态性和阶级性的高度统一,这种高度统一取决于国家利益、党的利益和人民利益的根本一致性，取决于社会主义社会的本质特征。社会主义核心价值观的意识形态性和阶级性的高度一致也说明了社会主义核心价值观是对社会主义经济基础的真实、正确的反映，只有建立在同一经济基础和相同利益基础上的核心价值观，才会有意识形态性和阶级性的高度统一。阶级社会核心价值观的意识形态同阶级性的分离，其原因就是利益的分离和对立，即统治阶级利益同国家和人民的利益是分离和对立的，其核心价值观只代表统治阶级利益，而不代表国家和人民的利益，从而其核心价值观是虚假的意识形态。

而社会主义核心价值观代表全体人民的利益，代表国家和党的利益，这三者利益具有高度的一致性，其核心价值观的阶级性、人民性、党性和国家性也是高度相关的，从而，社会主义核心价值观的意识形态性是真实的。

(3)社会主义核心价值观的相对稳定性 相对稳定性是所有核心价值观的共同特征，这是核心价值观的主导地位所决定的。社会主义核心价值观的相对稳定性不仅在于它所处的主导地位和起支配作用，而且在于它存在于社会主义漫长的历史发展过程中，并延伸到共产主义社会。以往的阶级社会，都是通过阶级斗争和武装革命，夺取政权后建立的核心价值观，并且又随旧政权的消灭而消亡，随新政权的产生而产生新的核心价值观。而社会主义核心价值观虽然是随武装革命建立社会主义政权而建立的，但它不会因新政权的建立而更换或消亡，因为，社会主义是迄今为止人类最高形态的社会，未来的共产主义社会是社会主义的高级形态，从而，社会主义核心价值观也会延续到共产主义社会，只不过是在整体上提高社会主义核心价值观的水准和质量。从这种时间的延续性来说，社会主义核心价值观的这种大时间性是它相对稳定性的重要表现。

社会主义核心价值观的相对稳定性还表现在它的自我完善与自我发展。阶级社会的核心价值观虽然也能自我完善和自我发展，但由于受到阶级的局限性，这种自我完善与自我发展也是很有限的，最终被新的核心价值观所代替。而社会主义核心价值观的自我完善和自我发展具有更大的空间，自我完善和自我发展的力度更大，也更有成效，社会主义的改革实践已证明了这一点，对于不适应甚至阻碍社会生产力发展的生产关系、上层建筑和思想观念都要进行彻底的变革。社会主义核心价值观的自我完善和自我发展也一样，对于不适应社会发展的核心价值观念要做大胆的变革和创新。可以说，社会主义核心价值观的自我完善和自我发展不只是细节和皮毛上做些改良，而是在阶段质和局部质上也要做改革和创新。因此，社会主义核心价值观的自我完善和自我发展比阶级社会的核心价值观，更具有成效，也更具有生命力，只有这样，才能真正永葆社会主义核心价值观的生命和活力。社会主义核心价值观的自我完善和自我发展提供了其相对稳定性的源泉和基础。

3.社会主义核心价值观的主要作用

社会主义核心价值在社会主义价值体系中占主导、内核和轴心地位，并在价值体系中对其他一般性价值起决定、支配和引领作用。社会主义核心价值和核心价值观是不可分割地联系在一起的，核心价值是核心价值观的基础，并决定核心价值观。有什么样的核心价值就会有什么样的核心价值观，但核心价值观对核心价值又产生重大的影响和作用。社会主义核心价值的特性和作用决定了核心价值观的特性和作用，不过，作为核心价值体系的观念形态的社会主义核心价值观在特性和作用上也打上自己特有的印迹。

社会主义核心价值观对个人价值观的具有选择、定向、调控和评价作用；还对一般公共价值观和社会主义公共价值观具有导向、凝聚、激励、规范和整合作用。更为重要的是，社会主义核心价值观虽然是建立在个体价值观和群体价值观之上的，但它不等于和不能还原为个体价值观和群体价值观，也不是个体价值观和群体价值观的机械加总，而是对无数个体和群体价值观的加工、提炼、抽象而整合成的公共价值观。社会主义核心价值观属于社会主义公共价值观范围，但又不是一般的公共价值观，而是在公共价值观中处主导地位和起支配作用的公共价值观，即核心价值观。那么。社会主义核心价值观的作用也就不能还原为公共价值观的一般作用即导向、凝聚、激励、规范和整合的作用，而是在公共价值观作用的基础上的指引或引领作用。

指引或引领也是社会主义核心价值观的重要作用，不过，这种引领作用更全面、更深刻和更有成效。当然，公共价值观的导向作用实质上也是引领作用，但这种引领是小范围的和局部的，如群体价值观在社会群体内部具有导向作用，但它的导向作用只局限在群体内部，而没有扩展到全社会。社会主义核心价值观的引领作用则与之不同，从作用的范围说，它是全社会的，对全社会所有个体和群体发挥指引或引领作用，而个体和群体价值观不可能在全社会发挥出导向作用。

单就作用范围看，社会主义一般性公共价值观也在社会范围内发挥着导向作用，这同社会主义核心价值观发挥引领作用的范围是大致一致的。但从程度上说，社会主义核心价值观发挥作用的深度、广度和规模要远远超过社会主义一般性公共价值观的作用。因为，社会主义核心价值观从社会主义的本质和战略的高度，揭示了国家、党和人民的根本利益所在，表征和体现了中国特色社会主义建设的时代主题、精神风貌、主流意识和主流道德。社会主义核心价值观不仅是全社会的理想追求和行为规范，也是在国际文化交流和意识形态碰撞中的鲜明立场和旗帜。从而，社会主义核心价值观不但能能引领个人价值观、群体价值观，也能引领一般性公共价值观，使这些不同类型、不同层次的价值观都具有社会主义本质，都在社会主义核心价值观的指引下发挥出各自的作用。

不但如此，社会主义核心价值观还能对与社会主义价值观不相适应甚至相违背的社会思潮具有转化的作用。我们知道，社会主义社会不仅是经济、阶层和利益的多元化社会，也是一个思想观念、社会思潮多样化的社会。在多样化的思想观念和社会思潮中，大部分是符合社会主义的本质，并纳入在社会主义价值体系和思想体系中的，但也有少数思想观念和社会思潮不符合社会主义本质，有的甚至同社会主义本质相违背，腐蚀人民的思想，破坏着社会主义建设。在这种多样和复杂的思想意识背景下，社会主义核心价值观担任着转化非社会主义思想意识和社会思潮的重任，社会主义核心价值观的这一作用显得尤其重要，其任务更加繁重，其过程更加复杂，从这一点也更体现出社会主义核心价值观的优势和思想魅力。

社会主义核心价值观的引领作用不同于阶级社会核心价值观的引领作用。阶级社会的核心价值观也具有引领作用，不过这种引领作用是通过欺骗、强制等手段进行的，其结果是奴化了人民的思想，牺牲了国家和人民的利益，而统治阶级从中大得其利，并为其统治大造舆论。这主要是因为在阶级社会,统治阶级的利益和人民的利益是根本对立的,而核心价值观代表的统治阶级的利益,统治阶级宣扬和推行核心价值观的目的就在维护本阶级的利益和统治,这势必剥夺人民的利益,并对人民进行思想奴化教育。可以说,阶级社会核心价值观的引领作用具有强烈的阶级对抗性,所产生的社会效果主要是消极的,对推动社会的进步是有限的,有时甚至是阻碍了社会的进步。

社会主义核心价值观的引领作用是积极、进步的,有力地提高了人民的思想文化和道德境界,有力地推动了社会的发展。因为,在社会主义社会国家利益、人民的利益和党的利益是根本一致的,不具有阶级的冲突性和对抗性。同时,社会主义核心价值观是对国家合理利益的反映和表现,是对全体人民利益的反映和表现,而不只是对某一阶级利益的反映和表现。从而,社会主义核心价值观的引领作用是一个自上而下和自下而上的有序结合和配合过程,在这一过程中,不存在欺骗和强制,完全是自觉自愿、以理服人、以情动人、以利惠人,以德感人的过程。从而,社会主义核心价值观引领作用的结果既推动了社会的整体进步,也提高了人民的思想道德水平,促进了人的全面发展,这一结果既符合执政党的意愿,也符合人民群众的愿望和需要。

一个大群体里达成价值共识相对容易些,达成民族国家的价值共识比达成群体的价值共识的难度就大得多,达成全人类的价值共识的难度最大。因为人群共同体规模越大,其人群共同体内成员的动机、目的、需要和愿望更为复杂多样,其需要和利益也更趋多样化和复杂化。在这样一个动机、目的、需要、愿望和利益更加复杂化的共同体里,要达成对某一价值客体的共识比小群体达成价值共识要复杂得多,也困难得多,因此,达成价值共识的可能性也要低于小群体。

从培育社会主义核心价值观和建设社会主义核心价值体系来说,达成对社会主义核心价值观的共识主要是从社会主义社会或社会主义民族国家这一主体类型而言的,社会主义民族国家的价值共识就是用社会主义核心价值观武装全党和全国人民,统一人民的思想认识,让人民群众在社会主义核心价值观的基础上,达成并凝聚最广泛的价值共识。

就社会主义社会或社会主义国家的价值共识而言,也有计划经济体制和市场经济体制条件下的不同性质和特点的价值共识。

我国的改革开放孕育并推动着由计划经济向市场经济的转型,中国由计划经济体制向市场经济体制的转型不是单一的经济事件,而是整个社会的深刻变革,即由市场主导型社会逐步取代计划主导型社会。从价值层面说,计划主导型社会的价值是单一的、指令的和统一的,这不能不说是一种价值共识,但这种价值共识不是建立在主体内在需要的基础上,它是一种自上而下的,不顾主体内在需求的多样性和复杂性的指令性和分配性的价值共识。从而,这种一元和指令性的价值共识具有外在的强制性、绝对平均性和简单划一性,它不但没有起到激发主体的热情,调动主体的积极性和创造性的作用,反而泯灭了主体的热情,抑制甚至扼杀了主体的积极性和创造性，这种价值共识既没有达到“个体功效性”，也没有达到“社会功效性”[①]，显然，它不是合理的、理想的价值共识。

我国市场经济体制的建立，激发了主体的热情，调动了主体的积极性和创造性，打破了绝对平均主义的利益格局，出现了多元利益主体、多元价值主体及多元价值观的局面。多元价值局面的形成打破了计划主导型社会的绝对平均和简单划一的价值共识，达到了个体和社会的双重功效性。但随着我国市场主导型社会的发展，不同的利益格局进一步加剧，地区之间、城乡之间、行业之间、先富后富之间的利益差距在进一步扩大，并出现了一定的矛盾和冲突，多元利益和价值格局出现了不平衡，这种不平衡明显突出甚至膨胀了个体主义而削弱了集体主义。这就是说，多元利益和价值格局的形成与发展虽然打破了计划主导型社会的单一、绝对和平均的价值共识，但并未完全形成与之相适应的新价值共识。同时，新价值共识的形成在社会转型初期也未明显地显示其重要性，当市场经济体制进一步发展和完善，共同利益和公共价值进一步发展时，在客观上要求形成与市场经济发展相适应的新价值共识。

一般说来，当公共产品能足够地满足不同主体的共同需要时，主体对这一公共产品能比较容易达成价值共识 。但在多数情况下，达成价值共识是要经过一个曲折的过程，即使有足够的公共产品，由于主体的需要的个性特征以及眼前利益和长远利益的差异，要做出许多努力才能达成价值共识。如果公共产品有限，不能满足主体的共同需要，势必会发生价值冲突，在价值冲突的情况

①王宏维：《经济转型与社会价值规范调适》，载《中国社会科学》1994 年第 3 期。

下，我们要调节各种不同内容、不同层次的需求和利益关系，兼顾不同主体的不同需求和利益的关系，找到各需求和利益的平衡点，努力促使各主体追寻价值共识，以维持正常的社会秩序和价值规范。因此，可以说，价值共识和价值冲突往往是交织在一起的，正由于有价值的差异和冲突，就需要达成价值共识。同时也可以说明，价值差异、价值冲突和价值共识总是存在于公共价值领域，离开了公共价值，就不存在也不需要价值共识。在私域价值中，不存在当事人的价值冲突，也不需要当事人的价值共识。

因此，在当代中国，公共领域和公共价值随着市场经济体制的不断完善而日益突出的价值差异、价值冲突的语境下，在社会主义核心价值体系的基础上形成新价值共识就显示出其特别重要的意义。

当前，全球化浪潮正汹涌澎湃，全球化实质上是各国利益在全球范围内进行重新分配，形成新的多元利益和价值格局的过程，国内多元利益和价值格局又同全球的多元利益和价值格局息息相关，并相互交错，形成更为多元和复杂的利益和价值格局，不同的利益和价值格局在经济、政治和文化等方面相互交流、相互渗透、相互摩擦和相互冲突，相互摩擦和相互冲突有时发展到难以解决的尖锐程度，最后发展到流血冲突。全球化进程中各民族、各利益主体和价值主体之间冲突，也迫切需要各民族、各国家和各利益主体间达成一定的价值共识，并建立价值规范，使全球化步入到公正、合理的价值轨道。西方学者早就意识到了这个问题，并为达成价值共识和建立价值规范开出了良方。亨廷顿认为，世界各民族、各地区“人民之间最重要的区别不是意识形态的、政治的或经济的,而是文化的区别”[①]。“文明的冲突是对世界和平的最大威胁,建立在文明之上的国际秩序是防止世界大战的最可靠的保障。”[②]而亨廷顿所说的国际新秩序指的是各民族认同并归入到世界的 7 大或 8 大文明中,进行政治和经济合作,寻求结盟。如果说亨廷顿从民族国家的角度揭示了冲突的根源和寻求解决的办法,那么吉登斯和哈贝马斯则从个体与社会的角度揭示了冲突的根源及寻求解决的方法,吉登斯在《现代性与自我认同》一书中把现代生活的动力品质归结为“时空分离”、“抽象化机制”和“制度反思性”三种,现代社会通过这三种动力品质的“脱域机制”建立一种理性秩序结构,这种理性秩序结构在促进社会进步的同时,也导致了个体内部的分裂,导致了个体与他人、个体与社会的分裂。哈贝马斯也认为,个体内部及个人与社会的分裂、冲突和危机则根源于国家体制的“系统运行逻辑侵入了生活世界”,只有通过交往实践而达成交往理性,才能化解这种分裂、冲突和危机。国际组织和各国政府为解决国际争端和国内的矛盾冲突做出了多方面努力,在许多问题上促成了价值共识并得到了解决,但仍有许多问题,并将还会产生许多新问题需要达成更广泛的价值共识,并得到有效解决,因此,价值共识始终是国际社会所面临的重要的现实问题。

另外,随着全球化不断向纵深层次发展,域外的各种社会思潮和价值观也会乘机而入,这对于中外思想文化的交流,对于中国思想文化水平的整体提升和政治、文化体制的改革以及中国传统

①[美]亨廷顿:《文明的冲突与世界秩序的重建》,周琪等译,北京:新华出版社 1999 年版,第 6 页。

②[美]亨廷顿:《文明的冲突与世界秩序的重建》,周琪等译,北京:新华出版社 1999 年版,第 2 页。

文化走向现代和世界无疑是大有裨益的。但有些同中国的主流文化不相适应甚至相对立的社会思潮也乘虚而入，并且这些社会思潮同腐朽没落的中国封建思想文化结合在一起，侵蚀着社会主义的主流文化和意识形态。因此，有必要用社会主义核心价值观统一人民的思想认识和思想意识，并在社会主义核心价值观的基础上达成最广泛的思想共识，用以抵制、消解这些同社会主义主流文化和意识形态不相协调的社会思潮及思想文化。

从理论研究说，反观我国价值论研究的历程，我们发现有两个较为明显的研究取向或研究路向：一是从价值本体论研究向价值认识论研究发展；二是从纯理论问题研究向实际问题研究的发展。就前一个路向说，20 世纪 80 年代中期至 90 年代初期，我国价值论的研究主要是价值本体论的研究，这一阶段的研究主要是围绕价值的本质、价值的属性、价值的表现形式和价值的实现等问题进行的。当然这一阶段的研究也涉及到价值与认识、价值真理与事实真理等价值认识论问题，但价值本体论的研究是主要的。进入 90 年代中期后，我国价值论研究自觉不自觉地转向了以评价论研究为主线。这一阶段的研究主要围绕评价的标准、评价的形式、评价的层次等问题进行的，而评价论研究主要属于价值认识论的研究。

在价值本体论研究中，人们往往从主客体的关系，从主体评价的角度看待价值，在强调价值的多元性和差异性的同时，对公共价值和价值的统一性重视不够，从而对价值本体论的研究还有待深入。评价论研究已进入微观领域，并具有一定的可操作性，但往往把“价值评价”当成是对“价值的认识论研究”[①]，并把评价和价

①李德顺：《价值论》，北京：中国人民大学出版社 1987 年版，第 3 页。

值认识等同起来，这就把价值认识窄化了。其实，评价只是价值认识的一方面，价值认识首要的一面是对价值的科学认识，即认识价值是什么，然后再对价值作出评价，价值认识应该是价值认知和评价的有机统一。另外，在评价论研究中，还缺乏对价值共识的研究。

近几年，我国有学者对公共哲学、公共行政、普世伦理、公共性和市民社会等问题进行了研究，这些研究从不同的侧面涉及到了公共价值和价值共识问题，只不过还缺乏一种哲学上的自觉。因此，从哲学价值论上研究价值共识在理论上是必要的，同时，对于我国公共价值的建设和社会主义核心价值体系建设都是必要的。

毫无疑问，人类既追求价值的差异、多元和个性，也追求价值的一致和统一，价值的多元和统一永远是不可分割地联系在一起的。我们既不能用价值的统一去消融价值的多元，也不能用价值的多元去对抗价值的统一，我们更应该找到价值多元和统一的最佳结合界面。但在当代价值多元、价值差异和价值冲突表现非常突出的境域下，达成价值共识并寻求统一价值就显得特别重要，问题的关键更在于价值共识何以可能，怎样才能达成价值共识，这是一个比价值共识的必要性更加复杂和重要的问题。

价值共识的最大可能就是公共价值包括核心价值的存在。公共价值就是同一客体能满足不同主体甚至是众多主体的需要，具有普遍价值的客体即公共客体是公共价值存在的客观依据，主体的共同或相同需要是公共价值存在的主观依据。公共客体和主体相同需要既是构成公共价值的两个基本要素，也是价值冲突的根源。当客体只能满足单个主体的需要，是不会发生价值冲突的，只有客体能满足众多主体的相同需要，并且这公共客体资源有限又不能完全现实地满足众多主体的需要时，主体之间就必定发生价值冲突,值得注意的是,在核心价值领域发生的冲突最为尖锐,也最为复杂,因为核心价值是从国家的层面表征着国家的核心利益和战略发展,国际的冲突和战争大多发生在核心价值领域。价值冲突的发生既表明公共价值的存在,又表明公共价值资源的有限。例如,一国的资源属于该国所有人的,不仅属于当代人,也属于他们的子孙后代,如果当代人过多地开发和浪费资源,势必影响到他们的子孙后代对资源的合法利用,从而就发生了代际间的价值冲突。就世界而言,世界能源当然是有所归属的,但它能满足各国的能源需要,在能源有限甚至匮乏的当代,各国为了争夺更多的能源而引发的经济摩擦乃至流血冲突也属于价值冲突。

价值冲突往往发生在公共价值特别是核心价值领域,它从矛盾的方面表征着公共客体和主体相同需要的存在。就公共客体来说,客体的属性是多种多样的,它能满足不同主体的相同需要和主体的不同需要,当它能满足不同主体的相同需要时,它就是公共客体,具有价值的普遍性。如公共场所、公共财产、公共安全、公共卫生、公共服务、公共环境和公共资源等都是作为公共客体而存在的,它们不属于任何个人和群体,而属于全社会,能满足全体社会成员需要,对全体社会成员都具有意义和价值,它们是共享客体①。公共行政和公共管理则是对公共价值资源的分配、调剂和管理。

不同的主体生活在同一星球上,面临着共同的生存问题,遭遇着相同的矛盾和困惑,面临着共同的或大致相同的任务。虽然不同的主体有各自不尽相同的需要和利益,有不尽相同的理想和追求,但不同的主体也有着相同的需要和利益,也有共同的愿望和

①李德顺:《普世价值及其客观基础》,载《中国社会科学》1998 年第 6 期。

追求，这给不同主体达成价值共识提供了主体方面的可能。

正是由于存在着公共价值，并且在公共价值领域往往会发生价值冲突，为了主体的公共利益，就必须也有可能化解冲突，达成价值共识。

在社会主义社会，达成对社会主义核心价值观的共识也是完全可能的，这主要在于建设中国特色社会主义是全党全国各族人民的共同任务，而社会主义核心价值观就是对中国特色社会主义建设中的任务和目标、机遇和挑战、问题和矛盾的总结和概括，同时，社会主义核心价值观的提出也是为又好又快地建设中国特色社会主义指明前进的方向和道路，是服务于中国特色社会主义建设。因此，这就为达成对社会主义核心价值观的共识提供了最高和最广的公共客体。

社会主义核心价值观贯彻了以人为本的基本原则，内容涉及到政治、经济、科技和文化等社会存在和社会生活各个领域，是社会主义国家的根本需要和核心利益的表达和诉求，这种表达和诉求也是符合人民群众的意志和愿望的。社会主义核心价值观的提出和建设就是为了国家的繁荣、人民的富裕和社会的发展。同时，社会主义核心价值观的内容既包括理想追求，又包括现行的道德规范；即包括人民的经济生活，又包括人民的政治生活和文化生活等各个方面。因此，培育和践行社会主义核心价值观，建设社会主义核心价值体系既符合人民的理想追求，又符合人民的现实的物质和精神需要，从而，达成对社会主义核心价值观的最大共识是完全可能的。

我们知道，公共价值有人类公共价值、民族国家公共价值和群体公共价值之分，而主体的需要有最基本需要、较高层次需要和最高层次需要之别，从而，价值共识也有人类价值共识、民族国家价值共识和群体价值共识,主体的需要有不同的层次,那么,主体所达成的价值共识就有一个由低向高的递进过程。

二、价值共识的基本过程

在培育和践行社会主义核心价值观、建设社会主义核心价值体系的语境下,价值共识就是达成对社会主义核心价值观的广泛共识,价值共识就是主体对价值所产生的相同的或共同的认识,价值共识属于社会或民族国家的价值认识。任何认识都是一个过程,是由表入里、由低入高、由粗入精的发展过程,价值共识也一样。由于价值共识不是个体认识,而是群体和大众的认识,甚至是全社会的认识,价值共识也不同于科学认识和事实认识,而是价值认识,是群体、大众和全社会的价值认识,所以,价值共识的过程更为复杂,其取得的共同认识成果更为困难。但价值共识在社会生活中又是不可缺少的,是社会赖以存在和发展的重要前提和内在要素。

价值共识和价值认同的涵义有相似之处,价值认同主要指"社会群体中的成员在认知和评价上产生一致的看法以及感情"[1]。价值认同是指个体对某种价值或价值体系的赞成、认可和接受,并丰富自己原有的价值观念或是形成新的价值观念,进而同价值共同体成员产生一致的看法和情感,并融入该价值共同体中成为其中的一员。价值认同实质上是个体对社会共同体的各种价值规范

①[英]理查德·刘易斯:《文化的冲突与共融》,关世杰主译,北京:新华出版社2002年版,第17页。

和价值观念的认可、接受和内化的过程，实质上也就是个体的社会化过程。米德指出："自我具有一种不同于生理学有机体本身的特征。自我是逐步发展的；它并非与生俱来，而是在社会经验和活动过程中产生的。"[①]伊恩·罗伯逊也认为，社会化是"使人们获得个性并学习其所在社会的生活方式的社会相互作用过程"[②]。可见，价值认同和价值共识相互依赖，并相互包含，价值认同必须要通过价值共识这一重要环节才能完成，价值认同包含着价值共识的内容；同样，价值共识只有通过价值认同这一入口也才能达成。但价值共识不等同于价值认同，价值认同主要是从个体社会化的维度解释个体是怎样接受、认可和内化共同体的规范、规则和价值，从而使自己融入共同体中；而价值共识是指在特定的共同体内，各成员对某一价值达成一致的看法和观点，从而进一步巩固和凝聚共同体。价值认同主要是个体对共同体或其他个体的行为和规范表示不反对或默认，表示理解和认可，并不意味着个体放弃自己的价值观和信仰而奉行其他个体或共同体的价值观和信仰。而价值共识不是主体单方面对某一价值体系的接受、内化而得到社会角色的确认，而是指不同主体在公共价值和核心价值领域达成根本一致的看法，以便制定价值规范来构建公正、合理的价值体系和价值秩序，价值共识只有把他人或共同体的价值观和信仰内化为自己的价值观和信仰，才是达到了真正的、深层次的价值共识。因此，价值共识在范围上要大于价值认同，在程度上要高于价值认同，在价值构建的主动性和积极性上也要高于价值

---

①[美]米德：《心灵、自我与社会》，赵月瑟译，上海：上海译文出版社1992年版，第120页。

②[美]伊恩·罗伯逊：《社会学》上册，黄育馥译，北京：商务印书馆1990年版，第138页。

认同。

公共价值有不同的形式和类型,那么,价值共识也会有不同的形式和类型,不管什么形式的价值共识,都要经过相同的阶段,由于价值共识总是在价值差异和冲突中的共识，这又增加了价值共识的曲折性和复杂性。一般说来,价值共识展现为认知共识、评价共识、思想共识和信念共识的递进过程,并又由这四种共识所构成。

1.认知共识

认知共识是指共同体内成员通过对价值的感知、感受和理性分析而形成的关于价值的基本或根本一致的看法和认识。哈贝马斯试图通过交往理性来达成理性共识，在他看来，交往的目的是要达到主体间的共识，这种共识就是一种交往理性，而主体间的交往理性的达成都是在交往语言结构中进行的，主体间的交往是出自各自的内心的、实际的和互动的，没有外来的强制因素的影响。理想的交往必须具有可理解性、真实性、真诚性和正确性,因此，主体间通过交往所达成的共识是各主体共享的。哈贝马斯进而认为，理解是交往的本质，那么也是达成共识的关键和必由之道,他指出:“把达到理解为目的的行为看作是最根本的东西”[①],从而“达到理解是一个在可相互认可的有效性要求的前设基础上导致认同的过程”[②]。在哈贝马斯看来,在交往中达到理解,进而达成认可和共识，就可以组成有规范的社会世界了，同时也就重建了价值的合理性。哈贝马斯的主张无疑是可取的，但主体间的理

①[德]哈贝马斯:《交往与社会进化》,张博树译,重庆:重庆出版社 1989 年版,第 1 页。

②[德]哈贝马斯:《交往与社会进化》,张博树译,重庆:重庆出版社 1989 年版,第 3-4 页。

解和共识怎样达成，这却是有待进一步研究的问题。我们认为，要达成主体间的价值共识，就要寻求公共价值，即要寻求能满足主体相同需要的公共客体和主体的共同或相同需要。这是达成价值共识的基础和前提，否则是难以达成价值共识的。

认知共识包括对价值内容是什么，主体需要是什么，什么样的价值才能满足主体的需要，什么样的制度和规范才能保障价值的实现等从感知到理性的一致认识。主体要形成认知共识必须面对公共价值客体，面临共同的矛盾和问题，并有着相同的需要和利益，还要有相同的认识立场和方法，这样才有必要和可能形成认知共识。

我们承认，不同的主体，有不同的感知偏好和认知兴趣，有不同的思维方式和知识结构，从而，面对同一价值客体，会产生不尽一致的认知结果，这是很正常的，也符合人类认识的实际情况。但我们也承认，不同主体有相同的感觉器官，有结构相同的大脑，面对着人类积累下来的相同的知识和经验，运用相同的概念和范式，共同遵循着人类积淀而成的思维方式和方法，生活在相同的社会背景下，面临着共同的生存问题，要解决同样的生存困境，向往相同的生活目标。因此，不同主体面对同一价值客体，即使会产生不尽相同甚至差异较大的认知结果，但其中总会有相同的内容，甚至有可能相同部分大于差异部分，这相同部分和内容就是不同主体所达成的认知共识。

如环境污染、资源短缺、地球负重、气候灾害、土地沙化、赈济难民等全球问题，各国政府已基本达成认知共识，因为，这些问题是全人类所面对的，对整个人类社会的发展直接造成障碍和威胁，因此，人类有责任有义务携起手来共同解决这些全球性问题。正如孔德所说：“认识一致是人类任何真正结合所必需的基础，这一结合又与其他两个基本条件有相应的联系：感情上的充分一致，利益上某种相通。”[①]认知共识是整个价值共识的第一步，主体形成了认知共识，就为他们形成评价共识乃至整个价值共识打下了坚实的基础。

一般说来，不同主体面对同一客观事物，这一客观事物在不同主体面前暴露的程度是一致的，认识条件相同，主体的知识水平、认识能力、认识方法、认识立场和认识目的一致的或大体一致，不同主体是能达成对这一客观事物的认知共识的。但在现实中，不同主体的认识水平、认识能力、认识方法、认识立场和认识目的是有差异的，同时，不同主体总是自觉不自觉地把自身的需要和利益带入认识之中，而主体的需要和利益往往是不相同，有时会相互冲突，这就为达成认知共识造成了一定的困难。

但在社会内部，要维护社会的稳定和统一，在鼓励个性自由发展的同时，又必须统一人们的思想和行为，这就要求人们有相同的认知，有认知共识。要做到这一点，除了提高人们的认识水平和认识能力，明确认识立场和认识方法外，更重要的是寻求人们认识的共同需要和利益，寻求共同的认识目的，如果这个问题得到基本解决，那么，人们的认知共识也就不难达成。

2.评价共识

评价共识是主体在认知共识的基础上，根据一定的标准所作出的对价值和价值体系是否合理、公正和可行的一种基本或根本一致的判断和断定。评价共识之所以可能，一是因为认知共识给它提供了基础和前提，二是因为主体在长期的生产和生活实践

①[法]孔德：《论实证精神》，黄建华译，北京：商务印书馆1996年版，第19页。

中，形成了共同或相同的、相对稳定的价值标准。人类在长期的生产实践和生活实践中，在长期同自然、社会和人进行交往过程中，形成共同或相同的、相对稳定的价值标准，这些共同或相同的价值标准有些是人类共有的，有些则是民族国家和群体特有的。在人类社会中存在普遍的、共同的价值标准，也就存在共同的评价即评价共识，并在以后的评价中提供共同的价值标准，为达成评价共识提供了前提和基础。

主体相同、相近和相似的价值标准是有其相同、相近和相似的需要和利益作为基础的，并且前者是由后者决定的。各国政府在全球性问题上不仅达成了普遍的认知共识，而且在一定程度达成了评价共识，之所以在某些方面能达成评价共识，是因为全球性问题涉及到各国的共同需要和利益，解决全球性问题是各国政府的共同愿望和利益所在，也是人类的共同愿望、需要和利益所在，从而为达成评价共识提供了基础和可能。

主体共同的文化传统和信仰为达成评价共识也创造了条件。共同的文化传统和信仰是主体共同精神需求的表现，也是他们所达成的文化共识。文化认同不只是对自我文化的肯定和识别，也是对民族文化、群体文化的肯定和识别，文化的肯定和识别就是对主体共同文化所达成的共识。另外，在主体的经济、政治及日常生活的交往和实践中，往往渗透着共同的传统文化和信仰因素，这就为他们在经济、政治及日常生活的交往和实践中所达成共识提供了纽带和中介，从而为他们在具体的实践领域中达成共识提供了现实的基础和前提。不难发现，面对相同的价值，有着共同的文化背景和信仰的主体要比有着不同的文化背景和信仰的主体达成共识容易得多，这就说明共同的文化背景和信仰在达成共识中所起的作用。只要主体运用相同的标准去评价价值，就能基本形成评价共识。如果说,认知共识只表明主体对价值的认识和了解,它是主体对价值的一种客观陈述和表达,那么评价共识则表明了主体的价值立场和态度、价值主张和诉求、价值愿望和需求。所以,评价共识比认知共识前进了一大步,已进入到价值共识的实质和关键阶段。

但我们也要看到,评价共识是极为复杂、十分艰难的过程,同时,评价共识又是整个价值共识中最关键的一个环节或阶段,它决定整个价值共识的成败。这主要在于评价共识直接关涉到各主体的需要和利益,不但是眼前的、局部的需要和利益,而且是长远的、全局的需要和利益,而各主体的需要和利益又不尽相同,有时甚至相互冲突,这就是达成评价共识要解决的根本问题,也是十分棘手的问题,从而使达成评价共识变得十分艰难和困难。各国政府虽然在保护地球环境上基本达成了认知共识,但当保护地球环境同本国利益发生冲突时,有少数发达国家为了本国的经济利益宁愿牺牲地球环境或是把环境污染转嫁给发展中国家。这说明,不同主体达成评价共识比达成认知共识要复杂和困难得多,达成评价共识并不是一帆风顺的。这主要是因为认知共识只关涉价值客体是什么,而不直接关涉主体的利益,从而只要认识条件和认识目的一致,就容易达成认知共识。而评价共识不仅关涉价值客体,而且主要关涉主体的利益,因此,达成评价共识是远比达成认知共识更为复杂的过程。达成评价共识的实质就是要协调好各利益主体之间的关系,这需要搭建一个兼顾各主体利益、各主体都能接受的公共平台,用这个公共平台公平公正地处理、解决和协调各种利益关系,使各主体都能得到应有的利益份额,达到共赢的目的。这就要求各主体从全局利益出发,放弃各自的偏见,寻求各方的共同利益和共同关心的问题,经过长期不懈的努力,力求取得一致的意见，最终达成评价共识。

3.思想共识

思想共识是主体在认知共识和评价共识的基础上对价值和价值体系所形成的基本或根本一致的思想意识，也即思想意识的一致性和统一性。思想共识是认知共识和评价共识升华到思想意识层面的结晶，思想共识把认知共识和评价共识凝结成思想意识的一致和统一。我们知道，思想和认知的一个重要不同在于，认知是具体的、表层的和易变的，而思想是对认知的整合、加工、深化和内化，这就是说，认知只表明主体的认识水平和知识状况，而思想则能表明主体的觉悟和境界，思想是主体的内在因素，而知识是主体的外在因素，这就表明，主体的知识和思想并不总是合拍的，主体的知识丰富并不一定表明他思想高尚。可见，由认知转化为思想是一个质的上升和过渡。

思想共识又把评价共识向前推进了一步，评价共识把主体的需要和利益作为重要参数而达成的共同观点，而思想共识则把对主体的需要和利益的共同观点上升为主体的情感、志向、目标和理想，并在主体的情感、志向、目标和理想上达成了基本一致的看法。可见，思想共识基于评价共识也即是基于主体的具体的需要和利益，但思想共识又超越了主体具体的、狭隘功利性的需要和利益，超越了主体的现实存在，指向了主体的未来发展和形上追求，也即指向主体的情感、志向和理想。

评价共识虽然直接奠基在主体的需要和利益之上，具有明显的内在性和价值性，但评价共识还是具体的，不是稳固的，一旦需要和利益发生了变化，那么评价共识也会发生相应的变化。思想共识在思想、意识的高度对评价共识进行的整合和提升，同评价共识相比,具有整体性、全面性和稳固性。

可见,由认知共识、评价共识进入到思想共识,是价值共识的升华,思想共识已进入到主体的灵魂深处,成为主体难以动摇的世界观、人生观和价值观。同认知共识和评价共识相比,思想共识更具有整体性、综合性、深层性、内在性和稳定性。

主体达成思想共识比达成认知共识和评价共识更为复杂和艰难,因为思想共识不是简单的认识和评价的一致,而是主体灵魂深处的觉悟、境界、品质、理想、志向等方面的一致,况且在主体的认知和评价中,还会发生认知和评价的差异和冲突,认知共识和评价共识是在其差异和冲突中,进行各种调节和协调,努力寻求共同之处才达成的。存在着认知和评价的差异和冲突,肯定存在着思想的差异和冲突,即使达成了认知和评价共识,一旦进入思想领域也有可能会产生思想差异和冲突,因为思想表明主体的态度和倾向性的观点,表明主体根本性的抉择和取舍,从而达成思想共识就更为复杂和困难。

达成思想共识更为复杂和困难,并不意味着思想共识是不可能的,更不是要我们回避思想共识,相反,思想共识是可能的,我们要努力达成思想共识。有差异和冲突的地方,肯定就存在共同和相同之处,因为共同和相同之处是产生差异和冲突的平台和基础,思想共识就是要求我们从思想的差异和冲突中寻找共同的基础和平台,并达成共识。另外,认知共识和评价共识为思想共识提供了重要的前提,一般来说,达成了认知共识和评价共识后,在很大程度上也能顺利达成思想共识,由认知共识到评价共识再到思想共识,这是整个价值共识的一般进程。更为重要的是,达成思想共识的基础在于主体的共同需要和利益,一旦在主体需要和利益上达成了共识,那么也就能比较顺利地能在内在的态度、倾向、情感和志向上趋于一致，也即达成思想共识。

4.信念共识

信念共识是主体所形成的基本或根本一致的共同信念和信仰，信念是人们在生活和生产实践中坚信某事物真实存在并一定会到来的观念[①]。信念和信仰是形影不离的，信念是主体的观念形态和精神状态，而信仰则是信念投射物和对象化表现，是信念的事物所指。信念和信仰是主体最内在、最深刻、最高层的观念和追求，也是主体情感和意志最内在、最深刻、最高层的表现，信念和信仰已同主体血肉相融，连为一体，同主体同生死、共命运。信念共识是维持一个国家、一个民族、一个群体的根本纽带，也是他们能够生存、发展和发达最坚强的精神支柱。同其他层面的共识相比，信念共识是最高层、最内在的价值共识。

信念有两个显著特点，一是它的超越性和形上性。信念从现实而来并基于现实，但信念不直接面向现实和归宿于现实，而是面向和皈依超现实的彼岸和"天国"，只有在遥远的"天国"中才能得到主体终极需要的满足，才能实现其终极愿望，才能找到人生的归宿和情感的寄托。二是信念是精神和灵魂的。一般说来，现实和现成的东西不能成为人的信仰，局限于现实不能产生人的信念，只有超越于现实，指向遥远的未来，才能产生信仰和信念。而人的肉体和物质性存在离不开现实的物质条件，也难以超越现实，只有人的精神和灵魂才能不局限于人的肉体和物质生活条件，才能超越人的肉体和物质性的存在，仰望彼岸世界和"天国"乐园，这样才能产生信念和信仰。

①李景源，孙伟平，《价值观和价值导向论要》，载《湖南科技大学学报（社会科学版）2007 年第 4 期。

信念共识是最高层次和最高阶段的价值共识，从而同其他层次和阶段的价值共识相比，是最为复杂和最为艰难的共识，价值观的差异和冲突的最高层面或最根本原因在于信仰和信念的不同。不同的民族，有不同的历史文化传统，有不同的意识形态，从而有不同的信仰和信念。宗教信仰超现实，存在于彼岸的神灵，并顶礼崇拜，人生就是向神灵皈依；民间信仰把现实中的神圣之物当作神灵来祭奠和崇拜，这些神并不存在彼岸，而是存在于此岸的现实中，或存在于田间地头，或存在于房前屋后，这些神灵时刻佑护着人间生灵的喜怒哀乐、生老病死，带给人们福祉，从而人们对神灵加以祭奠和崇拜；有些信仰是对金钱和财富的占有；有些信仰则是对真善美和公平正义的追求；有些信仰则是对某某主义和学说信奉并为之献身。

信仰的对象不同，信念也不相同，对人生意义和社会进步的理解也不相同，从而人生理想和人生信仰也不相同，这样就产生信念上的差异甚至冲突。在这种情况下，要达成信念共识的确比认知共识、评价共识和思想共识都要难。世界各民族的文化差异可以溯源到信仰的差异，要在世界各民族中统一信仰，达成信念共识是不现实的，也是没有必要的。

世界各民族的信仰不同，并不否定各种信仰中包含有共同的内容和因素，信仰的对象虽然不同，但信仰的目的却有相同之处，就是都使人生和社会更加美好，都是对美好事物的褒扬和向往，对丑恶事物的贬斥和谴责。从这种意义上说，世界各民族的不同信仰却包含着相同的内容，在一定程度上也是一种信念共识。

如果就一民族国家来说，信念共识的成分更多和更明显些，因为同一民族的信仰对象是相同的，又有着共同的文化传统和社会背景，从而，根本的信念是相同的，这就是同一民族的信念共识，正是这种信念共识的达成和凝聚维系着该民族的生生不息和民族文化的源远流长。

三、达成价值共识的基本途径

达成价值共识是一个复杂、曲折并充满多重变数的艰辛过程，但达成价值共识始终是人类及各族人民追求的目标，同时价值共识也是人们生产生活实践中必不可少因素和环节，只有达成了价值共识，才能制定行为规范，只有行为规范，才能开展正常的生产生活实践活动。因此，人们始终在努力达成价值共识并凝聚价值共识成果。

1.合作、对话和商谈途径

达成价值共识的途径有许多，通过意识形态的教化、文化交往、思想交流、外交谈判、双方或多方商谈、利益协调和潜移默化的养成等方式和途径都可以达成价值共识。这多条途径可以归并为两条主要途径。第一条途径是主要依靠价值主体自身内部的力量，以交往、交流、对话、商谈、合作和默认等方式所达成的价值共识，我们可以把它称之为合作、对话和商谈式途径。罗尔斯提出的“重叠共识”和哈贝马斯提出的“交往共识”实质上是指依靠主体自身内部的力量所达成的价值共识，罗尔斯从正义论出发，提出“公共理性”理念，“公共理性”是指有着不同价值观的个人所达成的“重叠共识”。哈贝马斯认为，交往实践是化解社会冲突重要途径，交往实践能达成交往理性，交往理性也就是一种“理性共识”

或“交往共识”，只有达成交往理性和理性共识，才能化解社会的分裂、冲突和危机。通过这条途径达成价值共识的主体一般同时也是价值主体，不同的主体有各自不同的价值追求，但也有共同的价值追求，如果各主体意识到共同价值的存在，从共同的价值追求出发，以大局和共同利益为重，秉着互利互惠的原则，并能对各自的特殊价值追求作些适当的调试和权衡，这样他们之间就能达成价值共识。

2.权威性、指令性和指导性途径

达成价值共识的第二条途径是通过价值主体之外的第三方（包括他人、团体、组织、政府和国际组织等）力量，以意识形态的教化、思想文化的宣传、利益的调节、外交上的斡旋等方式所达成的价值共识，我们可以把它称为权威性、指令性和指导性途径。不同的民族有不同的文化传统和价值追求，又由于社会发展的不平衡性，从而导致了不同民族文化和价值发展的不平衡性，又由于强权政治和霸权文化挤压弱小民族的文化和价值发展空间，并给全球文化生态和价值秩序带来严重的不良后果，同时也势必造成强弱民族双方的价值冲突，甚至是流血冲突。在这种情况下，要依靠强弱民族双方本身的力量达成价值共识是比较困难的。这时有必要启动第三方力量（如国际组织）帮助他们达成价值共识。这第三方应站在公正的立场，秉着公平、公正的原则，以调解人的身份奔走于各民族之间，使各民族意识到公共价值和共同利益的存在，意识到达成共识、进行合作和争取双赢的意义，从而使民族双方在一定范围和一定程度上达成价值共识。不同的民族可以通过这条途径达成价值共识，其他主体之间也可以通过这条途径达成价值共识。

达成价值共识的这两条基本途径又是相互联系在一起的,主要依靠价值主体内部的力量所达成的价值共识,也少不了第三方的调解和斡旋,主要依靠第三方的力量所达成的价值共识最终也要落实在价值主体自身的努力。

一般说来,在小的范围内和小的社会群体里,通过第一条件途径达成价值共识的情况要多一些,也比较容易些,当然也需要指令性和指导性途径来达成价值共识。因为在小群体里,需要和利益格局不十分复杂,从而形成一定的价值共识,进而制定价值规范和执行价值规范也比较容易。大的范围和大的社会群体,如在一个民族国家内,需要和格局比较复杂,涉及面广,层次结构复杂多样,在社会局部可以通过第一条途径达成价值共识,但整体上通过第一条途径达成价值共识比较难,而通过指令性、权威性和指导性途径达成价值共识容易些,因为通过国家和政府的组织、推行某种价值体系,是一种自上而下的途径,具有权威性、指令性和指导性,其规模大,取得的效果好。

不同主体达成价值共识绝非易事,许多社会矛盾和问题的产生和激化,就是因为矛盾双方难以达成价值共识并任其发展所致。所以,达成价值共识对于社会矛盾和问题的解决是至关重要的。要促使价值共识的达成要注意以下几点:

第一,从大局和长远出发。表面看似利益和价值不同甚至相冲突的不同主体,从大局和长远看,却有着共同或相同的利益和价值。因此,要透过各自的眼前和局部利益,看到长远和整体利益,这样就能容易达成价值共识。在社会内部,不同人群、不同个人只要从国家大局和长远利益出发,就能容易达成价值共识,因为,国家的大局利益和长远利益同不同人群和个人利益是息息相关的。在国际关系中,只要从长远和大局出发,就容易找到双方的共同利益所在,也容易达成价值共识。

第二,互利、互惠和共赢。不同主体对同一问题有不同的立场和观点,有不同的价值追求,不要把这种认识和利益上的不同看作是绝对对抗和对立的,而是要放弃这种对抗和对立的态度,寻求双方的共同认识和利益,达成价值共识,进行合作,最终达到共赢。不同的群体和个人应该这样,不同的国家和民族也应该是这样。

第三,适度调试自我价值。各主体要充分认识各自需要、利益和价值的合理性、适当性和可实现性,把各自价值放在社会价值体系中进行考量。不要无限夸大和膨胀自我价值,要看到其他价值的合理性和正当性。当自我价值同他人价值发生矛盾和冲突时,不要一味地指责他人价值,而是要检讨自我价值,适当地调试和约束自我价值,这样就能较易达成价值共识,使自我价值和他人价值共存共荣。

四、达成对社会主义核心价值观最广泛的共识

在当代中国, 达成对社会主义核心价值观的共识显得尤为重要,社会主义核心价值观是对当代中国的核心价值和公共价值的反映和建构, 是对中国特色社会主义建设实践的理论总结和概括。社会主义核心价值观代表了人民群众的根本利益,同时又有其广泛而坚实的思想文化基础。社会主义核心价值观既传承着中华民族的优秀文化和民族精神, 又赋予时代的内涵和时代精神;既保持了社会主义意识形态的本质特征,又关联着人们日常生活的道德情操和伦理规范。从而,社会主义核心价值观同人民群众

日常的一般价值观是相容相恰、水乳交融的，同时在性质和诉求上也是根本一致的。这样就保障了社会主义核心价值观在整个价值体系中的核心地位和起支配作用，从而能够用社会主义核心价值观统一人民的思想，并引领社会各种思潮。

在社会主义中国，达成对社会主义核心价值观的共识，也是一个由认知共识和评价共识到思想共识和信仰共识的不断深入过程。对社会主义核心价值观认知共识的达成，就是通过学习和教育，使人民群众了解什么是社会主义核心价值观，它的精神实质是什么，它有哪些基本内容。了解社会主义核心价值观吸收了哪些优秀的中国传统文化，借鉴了西方哪些合理的现代思想。但又使人民群众知道，社会主义核心价值观同资本主义的核心价值观、封建主义的核心价值观是有着本质区别的，有自己独特的内容和本质，即中国特色社会主义的内容和本质。只有在这些问题上达成了最广泛的认知共识，才有可能达成更高一级的共识，也才能为培育和践行社会主义核心价值观，为建设社会主义核心价值体系打下良好的认识基础。

达成对社会主义核心价值观的认知共识，就要对人民群众进行社会主义核心价值体系的教育，进行社会主义意识形态和传统文化教育。因为，社会主义核心价值观是内容非常丰富、层次分明、理论性高、操作性强的体系，它不可能自发地在人民群众中产生、传播、内化并扎根，而必须有领导地组织专门人员和队伍深入到广大人民中，系统地进行宣讲和宣传社会主义核心价值观，组织人民群众系统地学习社会主义核心价值观，并领会其精神实质。

因此，向人民群众系统地宣讲、宣传社会主义核心价值观的内容和意义就显得特别重要，这种宣讲和宣传不是向人民群众填鸭式的灌输，而是根据人民群众的具体情况，不同的对象采取不同的宣讲、宣传方式:在知识群体中应重在对社会主义核心价值观的理论宣讲和学习，在产业工人和农民群体中应结合操作实际，重在实际应用中宣讲和学习社会主义核心价值观，在学生群体中,重在价值观、人生观和世界观的培养上宣讲和学习社会主义核心价值观。

另外,在宣讲、宣传和学习社会主义核心价值观中,还一定要同人民群众的需要和利益联系起来，关照不同群体的爱好和兴趣,这样,才能调动人民群众在学习社会主义核心价值观中的能动性、积极性和创造性,变上级、别人要他学为自己要学,变被动地学为主动地学,只有这样,社会主义核心价值观才能顺利地成为人民群众的认识共识。

人民群众达成对社会主义核心价值观的认知共识后，会进一步了解社会主义核心价值观对于建设中国特色社会主义有何意义,对于统一人民的思想认识,构建和谐社会有何作用,同全面建设小康社会和人民的福祉有何关系。在这些问题上形成了一致的看法和观点，就表明达成对社会主义核心价值观的评价共识,由达成对社会主义核心价值观认知共识到评价共识,表明人民群众对社会主义核心价值观的认识和掌握进入到了一个新阶段和新境界。

我们知道,评价共识比认知共识更为复杂和艰难,就在于评价共识直接同各主体的需要和利益相关,各主体需要和利益的一致性程度低,达成评价共识的难度就大,反之,各主体需要和利益的一致性程度就高,达成评价共识就比较容易。在社会主义社会,党的利益、国家利益和人民的利益是一致的,人民内部各阶层的根本利益是一致的,现实利益和长远利益也是根本一致的,这为达成对社会主义核心价值观的评价共识提供了基础和可能,只要我们通过社会制度和国家的大政方针维护好、协调好和服务好人民群众的利益,就能在人民群众中达成对社会主义核心价值观的最广泛的评价共识的。

让社会主义核心价值观成为人民群众的思想意识，并扎根在人民群众的灵魂深处,这就说明社会主义核心价值观已成为人民群众的思想共识,要做到这一点就要求我们,不仅要了解社会主义核心价值观的内容,而且要了解社会主义核心价值观同中国特色社会主义建设和我们的社会生活的紧密关系,更要在思想上深刻理解社会主义核心观的精神实质,让社会主义核心价值观扎根在我们的心灵深处,融化在我们的血液中,内化成为我们的深层意识,成为我们思想的向导,成为我们的行为指南和规范,成为我们坚不可摧的世界观、人生观和价值观,成为社会主义国家核心意识和主流意识。只有这样,我们才达成对社会主义核心价值观的思想共识。

让社会主义核心价值观成为我们民族的共同信仰，这是达成对社会主义核心价值观共识的最高层次即信仰共识。共同的信仰是在社会主义国家和中华民族内达成的，从而就具有现实可能性。这主要是因为信仰的对象是相同的,即是对社会主义核心价值观的信仰,信仰的条件是相同的,即有着相同的中华民族的优秀文化传统和中国特色社会主义建设的社会背景,这些都为达成和凝聚信念共识提供了可能。

达成对社会主义核心价值观的信念共识，就要求我们不仅要把社会主义核心价值观扎根在我们的思想和意识深处,而且要把社会主义核心价值观当作理想和奋斗目标,当作崇高的信仰和追求,当作人生的航标和指南。

达成对社会主义核心价值观的信念共识,才是最高层次、最高阶段和最高境界的价值共识。达成对社会主义核心价值观的认知共识、评价共识、思想共识和信念共识是有机统一、不可分割的,前一种共识为后一种共识提供基础和前提,后一种共识是前一种共识的深化和升华,只有从认知共识开始,最终上升到信念共识,才真正从思想认识上弄懂、弄通、弄深、弄精了社会主义核心价值观。这样经过共识的这四个步骤,才能使人民群众通过认知、体验和信仰来接受和内化社会主义核心价值观。更为重要的是通过人民群众的日常行为和社会实践来真正践行社会主义核心价值观。

另外,达成对社会主义核心观的广泛共识也要通过一定的途径,采取一定的方法才能完成,当然,这途径和方法是多样的,但指导性和商谈性是两条主要的途径。向人民群众宣讲、宣传社会主义核心价值观的内容和意义,对人民群众进行社会主义核心价值观教育,是一个自上而下的过程,这一过程具有组织性、指令性、指导性和权威性,这是达成对社会主义核心价值观最广泛共识的主要途径。但这一途径一定要同对话和商谈途径相结合,这就是说,进行社会主义核心价值观的宣传教育一定从人民群众的实际情况出发,充分考虑到人民群众的所思、所想和实际需求及利益,让人民群众主动参与、积极配合,表达自己的真实想法和切身体会,这样才能收到成倍的效果。

因此,达成对社会主义核心价值观的共识必须把指导性和商谈性两条途径结合起来,这不但在于权威性、指令性和指导性途径同合作、对话和商谈的途径是相互依赖和相互包含的,就是说,权威性、指令性和指导性途径要通过具体的合作、对话和商谈的途径才能实现,任何合作、对话和商谈的途径都是在权威性、指令性和指导性途径指引下进行。而且在于,权威性、指令性和指导性途径达成的价值共识主要适应于中央、国家、政府的意志,而通过合作、对话和商谈的途径达成的价值共识主要体现基层和地方的意志，达成对社会主义核心价值观的共识必须把这两者统一起来。

达成对社会主义核心价值观最广泛的共识还要注意处理以下关系：

社会主义核心价值观是人民群众的根本利益和社会主义国家整体利益、战略利益及长远利益的反映，只要从人民群众的根本利益、国家的整体、战略和长远利益出发，个体利益、群体利益和眼前利益服从国家的整体、战略和长远利益，就能达成统一的认识，也就能达成对社会主义核心价值观的最广泛的共识。

培育和践行社会主义核心价值观，建设社会主义核心价值体系，既要从人民群众的根本利益、社会主义国家的整体利益、战略利益和长远利益出发，又要最大限度地顾及不同个体、不同群体的特殊利益，尽可能做到利益上的互利、互惠和共赢，整体上提高人民群众的生活水平和国家的富裕程度。因为，在社会主义社会，个人利益、群体利益和国家利益，眼前利益和长远利益，局部利益和整体利益在根本上是一致的，从而为达到互利、互惠和共赢打下了坚实的基础。当然，这些不同的利益有时也会产生矛盾，在这种情况下，要善于协调好各主体利益的关系，不能以大压小，以强凌弱，最大限度地做到互利、互惠和共赢，这样才能达成对社会主义核心价值观的最广泛的共识。

在社会主义社会，各主体利益在根本上是一致的，但在特殊情况下也会发生矛盾和冲突，在这种情况下，我们要以国家整体利益、战略利益、长远利益和集体利益为重，对个体利益、小群体利益、局部利益和眼前利益作适当的调整甚至暂时的牺牲，以服从和服务于国家的整体利益、战略利益、长远利益和大群体利益。这样做，也是实现个体利益、小群体利益、局部利益和眼前利益的一种方式，因为国家的整体利益、战略利益、长远利益和大群体利益就包含了个体利益、小群体利益、局部利益和眼前利益。所以，只要能认识到这一点，个体和小群体就能作出利益上的让步甚至牺牲，就能最大限度地达成对社会主义核心价值观的共识。

达成对社会主义核心价值观的共识的实质和目的就在于使人民群众的思想认识统一在社会主义核心价值观上，使人民群众不仅过上丰富的物质生活，而且也过上丰富的精神生活，激发和保持人民群众旺盛的生命力和创造力，不仅使人民群众成为精神财富的享受者，更成为精神财富的创造者，在增强中国物质硬实力和文化软实力中发挥出更大的作用。

达成对社会主义核心价值观的共识是一个非常复杂的漫长过程，从人民群众方面说，在生活和生产实践中，要自觉抵制腐朽没落的思想文化，吸收和创造先进健康的思想文化，不断进行文化学习、道德和艺术修养，提高自己整体的文明素质，促进物质生活和精神生活同步提高，使之成为全面发展的人。

从国家和社会层面说，应大力发展文化事业和文化产业，为人民群众提供丰富多彩的、人民喜闻乐见的文化产品，满足人民群众日益增长的文化需要，切实保障人民群众基本的文化权利。要深入群众，倾听群众的文化诉求，关心群众的文化利益和权利，在全社会营造良好的文化环境，把关心群众的文化生活和关心物质生活放在同样的地位。只有这样，才能逐渐地、一步深入一步地达成对社会主义核心价值观的共识。

总之，达成对社会主义核心价值观的共识就是把社会主义核心价值观内化于心，即内化为人的认识、意识、思想、情感和信仰，扎根在人的灵魂深处，这样才能真正培育社会主义核心价值观。

第七章 自觉践行社会主义核心价值观

达成对社会主义核心价值观的最终目标就是要使社会主义核心价观成为全党全国人民的思想指南和行为规范,加快中国特色社会主义现代化建设。

在思想认识上达成对社会主义核心价值观的共识后,最终要落实在行动上,并外化为行为规范和价值规范,即在实践上用社会主义核心价值观作为行动指南和标准,践行社会主义核心价值观,推动中国特色社会主义公共价值和核心价值建设,并不断深化理解丰富和发展社会主义核心价值观,为建设中国特色社会主义社会作出应有的贡献。

一、规范及其特性

培育和践行社会主义核心价值观,建设社会主义核心价值体系最根本的任务就是要使人民群众自觉践行社会主义核心价值观,用社会主义核心价值观指引实践方向,自觉成为行动指南和行为规范。

1.规范

“规范”的词义是程序、规则、标准、准则、原则、准绳和尺度。“规范”既可作名词，也可作动词，作名词的“规范”是指人类、国家、企事业单位和社区等制定的一套行为标准和准则；作为动词的“规范”是指这一套行为标准和准则的具体实施和落实，使社会生活维持在一定的秩序范围内，并朝着更合理更理想的社会秩序发展。这里所说的规范兼有名词和动词双重涵义。规范总是指人的行为规范，离开了人类社会和人的行为就不存在规范。我们往往从日常生活的道德领域来理解规范，把规范局限在道德领域，因为日常生活的道德规范广为人所熟知并影响面大，又显示出它的强大价值特征，从而我们过多地看到规范的价值性特征，而容易忽略规范的科学性特征。

其实，规范不只是存在于人的日常生活的道德领域，纵使这一领域是规范的主要存在之域，而且存在于人的所有行为中和行为的各个方面，如人的工作、学习、生活、休闲等各种行为和行为的各个方面都存在规范。规范虽然要求个人行为服从它并与之相符合，但规范不是某一具体的个人独有和独占的，而是群体或社会中所有个人都要遵循和践履的，从而规范具有普适性，它展现为社会的民俗和风尚、社会的传统和历史。正是从这一意义上，个人没有独立的规范，只有习惯，而规范总是针对社会或群体所有个人的。

规范是主体的人根据自身的利益需要，有目的有意识地制定出来，并用来约束人的行为准则，那么，规范只存在于人类社会领域并同人的活动紧密相关，在人的活动之外是不存在规范的，自然物与自然物之间的秩序不属于规范，只属于规律。可见，规范和规律不同,规律是客观事物本身所固有的。当然,社会规律也体现了人的目的和意识,并通过人的活动表现出来,但社会规律不可能由人制定出来,它具有不以人的意志为转移的客观必然性。而规范则是人们为了一定的目的而制定出来的,但规范的落实和实施会形成一定的社会秩序和风范,这就显现出规范的规律性的一定特性和外观,这主要在于规范要服从和服务于规律,只有建立在客观规律基础上的,并融入客观规律的运行中的规范,才显现出规范的规律特性和外观。

规范是主体根据自身的需要、利益及社会的发展目标制定出来的,因此,价值性是规范的一个重要特征,这主要在于规范体现了主体的价值需求、价值态度、价值情趣、价值理想,更为重要的是,制定规范的目的在于把规范付诸实践,使社会或社区维持在一定的规范和秩序之内,从而也就实现了主体的价值需求和价值理想。因此,规范总是同价值观联系在一起的,规范实质上就是一种价值行为,一种价值标准,正是由于规范的价值本质和特性,我们往往把规范称作价值规范。英国当代社会学家吉登斯指出:"规范是反映和体现某一文化的价值的行为规则。价值和规范共同塑造了一个文化的成员在其环境中的举止。"①规范不仅反映、体现和塑造着社会文化,而且其本身就是一种社会文化的形式。"价值观念的社会化形式,就表现为一定的规范,也只有成为一定范围成员认同的规范,它才能脱开仅仅是个人意识的范围,而具有一定的普遍性和共同性,成为一种社会性共同评价标准,成为一种现实的文化内容和文化事实。"②

---

①[英]吉登斯:《社会学》,赵旭东等译,北京:北京大学出版社 2003 年版,第 28 页。

②马俊峰:《重视规范价值的研究》,载《哲学动态》2007 年第 1 期。

规范的产生还有另一条途径，即在人的日常生产和生活中约定俗成的。如果说规范的制定是有意识、有目的而为的。那么，规范的约定俗成则是长期养成的习惯和习俗，是潜移默化形成的；如果说，有意识地制定规范后，就会颁布执行，并自上而下地落实。那么，规范的约定俗成则是在人的日常生产和生活中自发地、不约而同地发挥作用的。乡规民约和各种生活习俗实质上都是约定俗成的规范，这种规范存在的领域非常广泛，其作用的方式和效果也有自身的特点，它的产生和作用都是民间的而非政府的，这种规范真正已融入在人民的心灵深处，化作人民的实际行动，它不需要粉饰，也不需要宣传，它就是实际的生产和生活本身。约定俗成的规范的传承也不需要专门的书本和学校的正规教育来传授，而是实际生产和生活中的言传身教和耳濡目染。

约定俗成的规范无疑具有价值性，或本身就是价值规范。不过，它不像有意识制定出的规范那样，只包蕴着制定者的价值意识和愿望，规范的推行和人们接受规范，实质上也就接受了一定的价值，这价值的接受具有一定的外在性和强制性。而约定俗成的规范是在人群的日常生产和生活中自发地养成的，它的价值属性和价值含量不是由别人赋予的，也不是由外而内地履行规范的，而是一开始就是表达了的人群的共同愿望和意志，并且是在人群的实际行动中约定俗成地形成的。所以，约定俗成的规范就更具有内在性和自愿性，价值的表达更显得自觉、自愿和平等。

2.规范的特性

规范同其他价值相比，又有自身的特点。通常认为，不管是自然存在物、社会存在物和思想意识的东西，只要同主体发生价值关系，那么这些存在物就都是价值客体。这些价值的事实基础却是独立于主体而存在的，它们的价值性只有在同主体的人发生关系后才会产生。规范则不一样，它作为价值准则和价值标准本身是主体制定的，从它一产生就同主体有一种天然的价值关系，可以说，规范是天生的价值派。

作为价值准则和价值标准的规范，它本身不是价值实体，它只是体现主体价值诉求的原则和准则，但规范要实现和实践自身就必须依附于实体，否则规范就失去存在的意义。这就是说，规范同其他价值客体一样，也要有实体作为自身存在的基础和依据，不同的是其他价值客体先有实体而后成为价值客体，而规范则是先有价值原则和价值标准再去选择实体和创造实体，并使之进一步成为价值客体，从这里也可以看出规范的价值特性。

人的行为要服从规范，而规范实质上是人的内在需求和内在尺度的表达，人的行为要服从规范也就是要以人的内在需求和内在尺度为根据，并体现了人的内在需求和内在尺度。人的内在需求和内在尺度也就是价值根据和尺度，从这里也可以看出规范的价值特性。

规范除了其价值性外，还应有其科学性，价值性和科学性是规范的两大缺一不可的特性。

人的活动或行为总是依据或体现两种尺度即外在尺度和内在尺度，这是马克思哲学的著名原理和观点，两种尺度实质上是人的活动的两种取向和两大特性，也可以说是两大规范，外在尺度是指人的活动要面向并立足外部的客观世界，遵循客观规律，否则将是无果而终；内在尺度是指人的活动也要面向和立足于人的内部世界，遵循人的需求和利益，否则将是徒劳无益。人的活动所依据和遵循的这两种尺度是不可分割的，两种尺度的统一也就是人的活动和规律性、目的性的统一，这样人的活动才能取得预期的成果。

然而,两种尺度的取向和特性是不一样的,一般说来,外在尺度主要取向于外在客观世界,体现人的活动的科学性,而内在尺度主要取向于内在主观世界,体现人的活动的价值性。

两种尺度实质上就是两种规范,那么,外在尺度主要属于科学规范或规范的科学性,而内在尺度主要属于价值规范或规范的价值性,人的任何活动是外在尺度和内在尺度的统一,那么,也可以说,人的任何活动和行为都是科学规范和价值规范的统一或是规范的科学性和价值性的统一。我们往往过多强调的是规范的价值性,而对规范的科学性有些忽视。

不管什么规范都是科学性和价值性的统一。如在科学技术领域,任何科学技术的发明创造都体现了科学家和社会的需求和目的,这是科学技术领域规范的价值性,但任何科学技术的发明创造首先要遵循、发现和利用客观规律,这是科学技术领域规范的科学性。在社会历史领域也一样,社会的风俗习惯是社会文化规范,这种社会文化规范是千百年来人们行为习惯的沉淀,是人们的愿望、情感、需求和利益的表达,具有强烈的价值性。但社会风俗习惯要有利于人的身心健康,有利于人们的生产、生活和社会交往,要符合社会发展的目标,这就是社会文化规范的科学性。所以说,任何规范都是价值性和科学性的统一。

不过,人们在不同的活动领域,由于活动对象的性质不同,活动的程序和活动结果各异,所要求主体行为规范性质的倾向性也不完全相同。人们所从事的科学技术活动直接同自然现象和自然规律打交道,其行为规范主要属于科学规范,科学规范也是价值性和科学性的统一,但其科学性是第一位的和首要的,也就是说,科学规范的科学性表现得非常明显和突出。因为,人们从事科学活动虽然有其价值动机和价值目的，但这种价值动机和价值目的只有从科学的客观事实和客观规律出发，并服从和服务于客观事实和客观规律，才是可行的和可实现的。再者，在整个科学活动中，各种设备、仪器的选择和配置，科学方法的探索和运用，操作过程中的程序和步骤，科学数据的计算和验证等等，都有一整套严格的客观科学的标准，只有用这套科学标准来规范科学活动，科学活动才有可能取得成效，任何违背客观规律和科学标准的科学活动注定会失败的，这是规范的科学性在科学技术领域的突出表现。

当然，科学规范也是符合人的愿望和需求，符合人的利益和目的，符合人的内在尺度的，也就是说，科学规范不是同人的意志和愿望相违背的，不是同人的行为格格不入的，而是适应人的，同人的意愿相向的，它只是要求人的行为按照严格的科学标准和程序进行，只有这样，才能更好更多地实现人的目的和愿望，带来更多的价值利益。这些可以看作是科学规范的价值性。可见，科学规范的科学性和价值性是内在统一的，只有建立在科学性上的价值性才是可行的和有价值的，同样，只有符合价值性的科学性才是有意义的和效用的。不过，在科学规范中，其科学性更突出些而已，这主要是因为一方面科学规范是规范科学活动和科学行为的，行为的突出科学性特征势必要求规范行为的规范具有突出的科学性特征；另一方面，科学性和价值性在科学规范中的地位和作用看，科学性明显具有主导和支配的地位和作用，并且，科学规范中的科学性不是一般的客观性和外在性，而是指铁一般的自然规律、自然法则和科学方法，它是不能随意改变的。只有在这一科学性的前提下才能谈其价值性，也只有这样，科学规范才具有价值性。因此，可以说，科学规范是科学性占其主导地位的科学性和价值性的统一。

在社会文化领域,人们所从事的社会文化活动直接是同人、社会、历史和文化打交道的,其活动结果也直接产生着社会现象和社会事件,直接积淀为历史文化,从而,人们从事社会历史文化活动的行为规范主要属于价值规范,价值规范是一套社会规则和文化标准,它同科学规范不同,如果说,科学规范主要是依据自然规律和法则制定的话,它更多地体现外在客观性的要求,那么,价值规范主要是依据人的活动规律制定的,更多地渗透和体现了人的主观愿望、情感倾向和价值诉求,从这种意义上说,价值规范具有更大的人化性、适人性与同人相容性。正由于此,价值规范更具有实施的自觉性和熟练性。

价值规范是依据人的愿望、情感和价值需求制定的社会规则和文化标准,从总体上说,符合和遵循价值规范的行为,同时也表达了他的愿望和情感,也实现着他的价值追求。再者,人在社会历史文化领域进行活动的结果,表现为新的社会现象和社会事件,积淀为新的历史和文化,而新的社会现象、社会事件与新的历史和文化则是人的愿望和情感的对象化,是价值需求的满足和价值追求的达成。从价值规范的形成,到价值规范伴随人的行为的整个过程,都可以看到,价值规范的价值性是它的首要的和最明显的特征,价值性在价值规范中占主导地位和起支配作用。

尽管价值性是价值规范最主要和最明显的特征,但价值规范仍然是科学性和价值性的统一,只不过科学性在其价值性的包裹中,不同于科学规范的科学性,而更趋于和渗透着价值性的科学性。如果说科学规范的科学性是指相对独立于价值性或者说价值性要服从科学性的话,那么,价值规范的科学性不是独立于价值性,而是同价值性渗透在一起的科学性。如果说,科学规范的科学性是指客观的自然规律，那么，价值规范的科学性主要是指社会历史文化领域中的“道”，即公正、公平和公道以及人与社会的发展，也就是说价值规范不只表达个人的愿望和价值追求，而更是表达社会大众的愿望和价值诉求，正是在社会大众各自的愿望表达和价值诉求的相互作用和相互冲突中，需要公正、公平和公道的维持，也才显示出社会历史的公正、公平和公道来，显示出人与社会的合目的性和合规律性的发展。

规范的约束性。制定规范的目的就在维护人的生产和生活秩序，维护社会的正常秩序，因此，从一定意义上说，规范人的行为也就是对人的行为的约束，即把人的行为规定和控制在一定的范围内。法律从强制的意义上规范着人要守法，违法就要受到法律的处罚；纪律从次强制的意义上规范着人要守纪，违纪要受到处分；道德从应然的意义上规范着人应该做什么，不应该做什么；习俗从约定俗成的意义上规范着人的生活习性和文化习性。

规范的约束性是从程序、原则、标准和规矩上规定和制约人的行为，使人的行为受到一定的约束和控制。人的行为之所以需要规范的约束，就在于个体的行为在内容、性质和方向上是千差万别的，为了社会的公共秩序和安定，为了共同的生产和生活实践，为了完成共同任务和达到共同的社会发展目标，必须把人的行为统一起来，使人的行为符合一定的程序和标准，也就是符合一定的规范。

表面看来，规范是对人的约束和控制，人是追求自由的，希望不受约束，但又不得不受约束，正如卢梭所言：人天生是自由的，但又无不在枷锁中。人就是这样的矛盾存在，他追求无拘无束的生活，又时时受社会制度、文化和习俗的约束。规范对人来说是一种约束，但这种约束又是必要的，如果没有规范的约束，人的行为将无法达到目的,社会将处于无序状态。

规范对人的行为的约束是积极的约束,而不是消极的约束,这就是说,规范的约束不是禁锢人和窒息人,不是把人的个性、把人的积极性和创造性磨平而变成平庸之辈,而是为人的个性、特长、积极性和创造性的发挥提供一定的规程、标准和准则,人的个性、特长、积极性和创造性在这种规程和规范下才能正常发挥,也才能尽可能地发挥。从这个意义上说,规范对人是一种约束,也是一种促进和导向,即从规程和程序的角度敦促人的行为,指引人的行为朝预期的方向发展。

二、规范的三类型

规范存在于人类活动的各个领域和各个方面，凡是有人生活和活动的地方,就有鼓励和制约人的行为的规范存在。因此,规范的类型或形式是多种多样的，社会的每个角落都有一定的规范,俗话说,国有国法,家有家规,行有行规,乡有乡俗等都是指的规范。就社会的不同领域来说,有政治规范、法律规范、经济规范、文化规范、科技规范和日常生活规范等。就规范的性质和程度说,有硬性或刚性规范、软性或柔性规范和理想性规范等。就规范适应的范围说,有国际(普世)规范、国内规范、地方规范和行业规范等。有学者从规范存在和作用领域的角度,把规范划分为技术性规范或技术性标准、社会交往规范和理想化的模范。“第一类规范主要是生产活动所需要的,比如我们平常说的技术性规范或技术性标准,就是从生产过程中直接产生的,是生产经验的一种总结和提炼。技术性规范往往特殊性比较强,不同行业、甚至不同的生产活动领域都有自己的规范,是从事这类活动必须遵守的。""技术性规范直接地服从提高活动效率和效益的目的,其合理性问题也可通过效率和效益来进行比较直观的检验。""第二类是社会交往的规范,是人们之间进行各种交往活动需要遵守的规范。这类规范可以称之为社会规范,它是人们的交往实践经验的一种总结,是为了解决交往中存在的问题维持一定的社会秩序而形成或确立的行为规矩。""第三类是人们向往、期望的一些理想化的'模范',这些模范可以是一种人格化的存在,也可以是一种境界或状态,还可以是一些理论化或客观性的东西。"①

也有学者从结构和功能的角度把规范划分为四种类型:第一种规范是秩序-权威型。"这是公共生活的统一性对社会支配力量依赖性的要求,服从与忠诚是与之相伴随的基本实践方式与规范。……当国家成为调节私人利益与公共利益矛盾并以保持秩序-权威为己任的特殊政治力量时,国家就垄断了维护秩序-权威相互性的权力与责任。……在国家的平台上,人类的合作与竞争比以往任何时候都更加依赖于秩序-权威规范所内含的价值导向。"②第二种规范是效率-增值型。"这是确保社会集体生活所需资源总量的递减,从而提高社会控制合法性的管理要求,节俭与贡献是其主要的价值诉求。……任何类型的社会共同体,无论是原始的氏族组织还是现代国家,其物质前提始终是也必须是建立在效率与增值基础之上的社会劳动与财富的结构性增长。"③第三种规范是克己-向善型。"这是面对人的未完成性而建立起来的

①马俊峰:《重视规范价值的研究》,载《哲学动态》2007年第1期。

②潘自勉:《论价值规范》,北京:中国社会科学出版社2006年版,第108-109页。

③潘自勉:《论价值规范》,北京:中国社会科学出版社2006年版,第110-111页。

自我规约和承诺，无论它采取何种文化表现或精神表达方式，修身与关爱都是其处理群己关系的核心价值观念。……克己－向善既是一种需要维护的价值，又是一种应当遵循的规范。……克己－向善之所以成为一种价值规范类型，根本原因在于人的实践活动使认知过程具有矢量特征，并使之同时体现在个体化和组织化的水平之中。”①这种规范要求人们节制自己的欲望，不断修身养性，提高自己的道德境界，诚实、宽容、律己是处理自我和群体关系的基本价值准则和价值规范。第四种规范是自由－公正型。“这是人类在走向社会解放的历史进程中，依据共同经验而设定的最高社会目标。……凡是在自由范围里发生的问题，都必然涉及公正问题。……自由与公正作为价值范畴如此紧密地联系在一起，实乃人类实现其存在规律的必然，这种必然性来自两个方面：一是外在的资源约束，二是内在的社会关系，它作为一种人们相互利益的合作形式本质上是一种交换。”②

从规范存在和作用领域的角度与从规范结构功能的角度来划分不同类型的规范，虽各有侧重，但又有许多相同之处。如秩序－权威性规范与技术性规范，都强调规范的他律性，人必须服从规范，才能提高活动效率和获得活动成功。社会规范与克己－向善规范都强调人伦道德的内涵，其作用是提高人性修养和社会良好风尚的形成。理想化的模范与自由－公正型规范都赋予理想的内涵，都指向社会的未来发展。

如果单从结构功能角度来划分规范，应该还存在一种平等－商谈型规范，这一规范如果从规范存在和作用的领域看，可把它归并到社会性规范中，但它又不能完全归并到效率－增值型规范

①潘自勉：《论价值规范》，北京：中国社会科学出版社 2006 年版，第 112－113 页。
②潘自勉：《论价值规范》，北京：中国社会科学出版社 2006 年版，第 114－117 页。

中,因为效率－增值型规范强调的是人在生产活动中的功效和效率,人的有些活动如文化活动不是追求效率和增值,而是追求生活的充实和精神的愉悦。即使是经营和商务活动,虽然是追求效率和增值,但它必须建立在平等、合作和商谈的基础上,经营和商务活动中应存在效率－增值型规范和平等－商谈型规范。平等－商谈型又不能归并到秩序－权威型规范中,秩序－权威型规范是由国家主持的,体现着国家意志,具有权威性和强制性。而平等－商谈型规范具有自愿性和合作性，靠诚信和信誉来维持和担保，完全是平等协商和自组织、自协商和和自分享的,不具有权威性和强制性。因此,平等－商谈型规范可归并到社会性规范中,但又是作为同秩序－权威型、效率－增值型、克己－向善型和自由－公正型规范并列的第五种规范。

平等－商谈型规范的实质在于共同体内的自愿合作，而自愿合作也是共同体成员的最基本要求和规范,只有建立在自愿合作的基础上并以自愿合作来维护,平等－商谈型规范才能产生和存在,也才同其他规范相区别。在现代社会中,由于自治的范围不断扩大和加强,公共领域在不断扩展,从而平等－商谈型规范的作用范围在不断扩大,其作用的力量也在不断增强,这是现代社会发展的必然趋势,也是法治社会和民主政治社会发展的趋势。

我们试图从规范约束与导引的程度来划分规范类型，这种划分当然同以上两种划分有交叉和相同之处,但毕竟是一种相对独立的划分,这种划分法强调的是规范约束和导引的程度。

1.刚性规范

不管是人的科学技术活动还是社会文化活动，都存在着刚性规范、柔性规范和有理想性规范,这三类不同规范的科学性和价值性的表现倾向和程度是有些不同的。

刚性规范也可称硬性规范，是指刚性和硬性地规定怎样做的行为规范，如法律和制度就属于刚性规范，人人都必须服从法律和制度的约束，不得违反，否则就受到惩罚。从语言逻辑上说，刚性规范一般用否定句加以表述，如法律大多用违反了什么样的法律条文而应受到什么样的处罚来表述，但刚性规范在否定句表述的背后却肯定了人必须怎么做，只有这样个人的合法权利才能得到保障。这就是说，刚性规范是用“你怎样做了就会受到怎样的处罚”这样的句式表述着“你必须怎样做，否则就会怎样”。刚性规范的特征就是必须，必须表征着的是刚性和硬性，就是必须不能这样做，而必须那样做，必须是一种严格的规定和限制，是一种命令，它没有可塑和回旋的余地，只能这样，不能那样。

法律等刚性规范也是科学性和价值性的统一，上面已说过，社会历史文化领域的规范同科学技术领域的规范，其价值性要明显大于和高于科学性。但就存在于人的所有活动和行为领域的不同程度规范，也存在其科学性与价值性的博弈和张力问题，刚性规范的科学性倾向就要高于其价值性，这主要是因为刚性规范是一种严格的行为过程和程序，必须这样做，而不能那样做，否则就要制裁和惩罚，没有讨价还价的余地。科学技术领域的规范一般都是刚性规范，必须严格按照科学规律和技术标准进行操作，否则不但不能达到预期的目的，反而会造成严重的损失甚至付出生命的代价。人类社会中的法律法规也属于刚性规范，严格规定了哪些行为属于违法犯罪，哪些行为属于合法，具有严格的必然性，清晰性和可操作性。刚性规范的这种必须遵循和服从的必然特性，可以看作它的科学性的明显和强烈表现，其价值性要服从、服务和从属于科学性。

2.柔性规范

柔性规范也可称软性规范，是指温柔地规定人应该怎样做而不应该怎样做的行为规范。柔性规范一般属于日常伦理范围，而不属于法律范围。有些柔性规范有明确的条文表述，如告示、须知、注意事项等，这些明文的柔性规范一般见之于商店、公园等公共场所。还有大量的无须用文字表述的，只存在人的思想意识中的柔性规范，如各种礼节和社会交往中的各种潜规则等。一般说来，非成文的柔性规范的范围远远大于成文的柔性规范，从家庭生活的日常起居到社会生活的社交礼节都存在大量的非成文的柔性规范。

柔性规范一般都是用“应该”和“不应该”或“应当”和“不应当”来规范人的行为的，“应该”同刚性规范的“必须”相比，要宽松许多，它有很大的可塑空间和灵活余地，正由于此，它存在的范围是非常广的，它所规范人的行为也是非常多的。

道德等柔性规范的科学性主要是这类规范所代表和维护社会公正和人与社会的正常发展。同刚性规范相比，柔性规范的科学性不是一种必须如此的必然性、程序和步骤，而更多地渗透了主体的选择和评价。由于不同主体选择和评价标准不同，从而使道德等柔性规范的科学性具有非线性、可塑性、多元性和选择性的特征，这也就是说，柔性规范的科学性更趋近和渗透着价值性，正由于此，柔性规范的科学性从属和服从于价值性，价值性是柔性规范最显著的特点和倾向。

柔性规范的价值性首先在于这类规范不是铁一般严格的标准和程序，而是根据不同的民族和人群而有所不同，它是多元的、多标准、多选择和可塑的。再次，柔性规范的这种多元性和多选择性更多地表达着不同主体的意愿和价值诉求，渗透了主体更多的情感因素。另外，柔性规范的方式更多的是一种劝告、建议、评价和道义的褒贬，这些都因主体的不同价值主张而有差异。因此，柔性规范的价值性表现比其科学性更加突出和显著。

3.理想性规范

理想性规范是指鼓励和促进人的全面发展，不断追求，不断提高人的思想觉悟、道德情操和人生境界的规范。理想性规范的最大特点就是不要求每人在现实中都必须做到，而是给人提供一种价值目标和理想向往。理想性规范能确立人生的动力和目标，人总是有理想、有追求的，正是有理想性规范的确立，人的生活才有不竭的动力和源泉，才有追求和目标，也才有意义和价值。人的生活是扎根于现实土壤中的，但又要超越现实，指向更理想、更有意义的未来，而理想性规范能提供这种更加理想、更有意义的未来价值。

理想性规范的另一特点是具有超越性，一切规范都具有指向未来性和对现实的超越性，但理想性规范对未来的指向更加遥远且是对更远离现实的超越，即对遥远理想目标的追求和向往。但理想性规范以现实为基础并从现实出发，指向未来并以未来为归宿，这是理想性规范超越性的一方面。理想性规范超越性的另一方面是指它的内容要高于现实并优越于现实，正由于此，理想性规范只是作为人人追求和努力的方向，而不是要求人人现实地做到。

同刚性规范、柔性规范一样，理想性规范也是科学性和价值性的统一，不过，理想性规范的价值性表现得最为突出。因为，理想性规范是主体确定的奋斗目标和人生志向，在理想目标中，倾注了人的全部情感和意志，浓缩了人对人生和社会的思考，也是人的最大需求和最高利益的归宿和表达。因此可以说,理想性规范充分展现了人的实现需求、利益追求和价值取向,从而显示出它最为突出和明显的价值性。

但理想性规范也是价值性和科学性的统一,其价值性要建立在科学性的基础上。理想性规范的科学性主要指它的合理性和实施的基本条件性。理想性规范不是空想和幻想,就在于它具有可实施和操作的基本条件,是可行的,从而具有合理性。正由于此,理想性规范能指引人生的道路,并给予人生不尽的动力。也正是在其科学性的前提下,理想性规范也才表现出最为突出和显著的价值性。

刚性规范、柔性规范和理想性规范展现了其强制性和严厉性由强到弱的递减过程,但在这一强制性不断递减的过程中,其对人的主体性、自觉性、品德性和境界性的要求却是越来越高的过程。从规范的科学性和价值性特征看,刚性规范、柔性规范和理想性规范展现了其科学性不断弱化,而价值性不断增强的过程。

总之,规范是人的行为标准、准则和法则,规范是人的行为规范,实质上就是人的行为的价值规范,其价值性是规范的重要特征,但价值性是建立在科学性基础上的,没有科学性的价值性是不合理的,也是没有实质意义和成效的。任何规范都是科学性和价值性的统一。不过,在不同领域和不同层面的规范中,其科学性和价值性表现的程度、倾向和显著性是不同的。因此,我们一定要对规范的不同特性及特性的不同表现有所认识和重视,以便在实践中更好地发挥规范的作用,来为我们服务。

三、把社会主义核心价值观外化为行为规范

践行社会主义核心价值观，就是要自觉地履行社会主义核心价观,并使其成为我们行动的指南,成为我们行为的准则和规范。这就是说,在我们的生产和生活实践中,要以社会主义核心价值观作为价值原则、价值标准、价值导向和价值目标,人民群众行为规范的价值性就是要体现社会主义核心价值观的本质特征和价值取向,体现为国家作贡献,为人民谋福利的根本要求。像一切行为规范一样,在社会主义社会,人民群众的行为规范也是价值性和科学性的统一,作为行为规范的社会主义核心价值观,是以人类社会发展规律特别是社会主义社会发展规律为基础,是对社会主义社会发展规律的反映。因此,社会主义核心价值观是符合社会主义社会的发展规律的,同时,只有符合社会主义社会发展规律的行为规范,才能体现社会主义核心价值观的本质特征,反之也一样。并且,作为行为规范的社会主义核心价值观,其价值性和科学性得到了有机的统一,因为,社会主义核心价值观又是人民群众利益的真实体现和表征,是社会主义国家利益的体现和表征。

作为行为规范的社会主义核心价值观主要属于柔性规范和理想性规范,社会主义核心价值观既有形上的信仰、理想和追求,又有形下的日常道德修养，还有中间层次的时代精神和民族精神。从践行社会主义核心价值观的行为规范来说,相应的也有不同层次的区分,社会主义核心价值观中国家层面的价值目标和社会层面的价值取向更属于形而上的理想性和梦想性的规范,它是对理

想境界的追求和人的自由全面发展的向往;社会主义核心价值观中的公民个人层面的价值准则更属于形而下的、可操作性的行为规范,它用树立榜样和模范的方式教导、鼓励和褒扬人民群众践行八荣,谴责八耻。体现社会主义民族精神和时代精神的行为规范则是从人的精神面貌和社会风尚上表征着社会主义核心价值观的本质特征,这一行为规范向上联结着理想信念,向下联结着日常的道德修行,又同这两类规范有所不同,是处于中间层次的行为规范。另外,在社会主义核心价值观中,法治、公正是其重要的内容,法制规范是一种刚性规范,是必须遵守和履行的,是法治和公正的重要保证。因此,作为行为规范的社会主义核心价值观的内容是非常丰富的,它要求人民群众用不同类型的行为规范去践行社会主义核心价值观,只有这样,才能全面、真实和有效地践行社会主义核心价值观,也才能卓有成效地建设社会主义核心价值体系。

社会主义核心价值观是价值观体系,是思想文化体系。因此,践行社会主义核心价值观本质上是一种自觉自愿的自律行为,其规范本质上是柔性的道德规范,但它必须有强制的法律作基础和保障,还需要有介于道德和法律之间的准强制规章作保障和监督。

既然社会主义核心价值观本质上是柔性的道德规范,那么,全社会就应营造一种责任、义务的自觉氛围,使人民的道德行为成为自觉自愿的、发自内心的行为,使这种行为符合自己的道德习惯和日常良知,如果这样做了,使自己得到了心灵、情感、审美和人生境界的升华,如果不这样做,良知受到谴责,使自己永不安宁。当然要达到这样的境界,还有许多事情要做。从国家和政府层面说,应制定严格的奖罚制度和信任制度,大力宣传和奖励那些道德模范,批评和谴责那些败德的人,在全社会形成讲信任,守信誉氛围,使得做了好事不至于误解和受屈,而应大力褒扬和提倡。

践行社会主义核心价值观的行为是一个从他律走向自律的过程,即是变别人、社会要我做变为我自己要做的过程,这一过程的过渡和转变也是一个由外在约束和准强制到内在自觉自愿的过程,这一过程的完成并在全社会形成自律行为,那么就可以说,培育和践行社会主义核心价值观就基本达到目标。

践行社会主义核心价值观的行为是一由低自律到高自律的发展过程。由于社会主义核心价值观本身扎根于社会的文化、思想道德的土壤中,代表和表达了人民群众的道德水准和道德诉求,因此,社会主义核心价值观对人民群众来说,不完全是他律的体系,也内含着自律的成分和因素。当然,也更多地包含着他律的成分和因素,正由于此,需要培育和践行社会主义核心价值观,建设社会主义核心价值体系。由于社会主义核心价值观包含着他律和自律的成分和因素,并且他律和自律成分和因素在不同个体和群体中的比重是不一样的,那么,践行社会主义核心价值观的行为也是一个从自律程度低到自律程度高的过程。

以上就认识和实践两大途径论述了培育和践行社会主义核心价值观,建设社会主义核心价值体系问题,也就是促使人民群众自觉践行社会主义核心价值观,使之成为自觉的行为规范。建设社会主义核心价值体系的这两大途径实质上是从社会主义核心价值观与人民群众的关系而言的,对社会主义核心价值观本身来说,还具有一定的外部性,即是如何发挥社会主义核心价值观的作用,表明了社会主义核心价值观的影响力和作用力。

培育和践行社会主义核心价值观,建设社会主义核心价值体系还存在内部建设的问题,即社会主义核心价值观自身的不断完善和发展。我们知道,社会主义核心价值观不是僵化固定的,而是随着中国特色社会主义建设的不断深入而不断完善、丰富和发展的,而社会主义核心价值观的不断丰富、完善与发展又不是自发和自然而然的,而是要靠我们去自觉地丰富、完善与发展。特别是对社会主义核心价值观的提炼和总结也是一个不断丰富、完善与发展的过程。因此,社会主义核心价值观本身的内部建设也是今后的重要任务。

社会主义核心价值观的外部建设和内部建设又应同时进行和同步发展,不能一重一轻,更不能有所偏废。社会主义核心价值观的内部建设为外部建设提供强大而丰富的资源和精神动力,外部建设又为内部建设提供丰富的实践经验和宽阔的社会基础,并成为内部建设的最终目标。因此,建设社会主义核心价值观必须把外部建设和内部建设辩证统一和彼此协调起来,这样,才能真正取得培育和践行社会主义核心价值观的成效。

另外,还应把培育和践行社会主义核心价值观同公共价值体系建设有机地结合起来。我们知道,社会主义核心价值观同公共价值体系是密不可分的,核心价值观以公共价值体系为基础,并包裹在公共价值体系中。因此,加强公共价值体系建设既是培育和践行社会主义核心价值观的重要内容,也为培育和践行社会主义核心价值观打下了坚实的基础和作了必要的前提准备。

社会主义公共价值体系建设涉及全社会的各领域和各层面,包括政治、经济、文化和社会生活各方面。公共价值体系包括民生和日常生活:政治上的基本权利,经济上的民生基本保障,文化上的基本需求以及社会生活各个方面的基本权利和保障等都属于公共价值体系的范围,因此,公共价值体系建设直接关系到人民生活的富裕和国家的强盛。而核心价值观同公共价值体系相比,更体现出社会发展的方向性、国际关系中的影响力,更体现出民族精神和时代精神。

社会主义公共价值体系建设为社会主义核心价值体系建设打下了坚实的基础,社会主义核心价值观又为公共价值体系建设指明了方向,因此,培育和践行社会主义核心价值观,建设社会主义核心价值体系必须同建设公共价值体系有机结合起来，这样,才能使社会主义核心价值体系建设取得可喜的成就。

第八章　培育和践行社会主义核心价值观应遵循的原则与方法

培育和践行社会主义核心价值观是一个系统工程，也是一个长期而艰巨的任务，因此，原则和方法是个重要的问题，正确有效的原则和方法，能加速社会主义核心价值体系建设，并提高建设的效果和质量。因此，明确培育和践行社会主义核心价值观的原则和方法，是建设社会主义核心价值体系的首要任务之一。

中共中央办公厅印发的《关于培育和践行社会主义核心价值观的意见》明确指出了培育和践行社会主义核心价值观应坚持原则："坚持以人为本，尊重群众主体地位，关注人们利益诉求和价值愿望，促进人的全面发展；坚持以理想信念为核心，抓住世界观、人生观、价值观这个总开关，在全社会牢固树立中国特色社会主义共同理想，着力铸牢人们的精神支柱；坚持联系实际，区分层次和对象，加强分类指导，找准与人们思想的共鸣点、与群众利益的交汇点，做到贴近性、对象化、接地气；坚持改进创新，善于运用群众喜闻乐见的方式，搭建群众便于参与的平台，开辟群众乐于参与的渠道，积极推进理念创新、手段创新和基层工作创新，增强工作的吸引力感染力。"①结合具体的实际情况，培育和践行社会会

①中共中央办公厅印发《关于培育和践行社会主义核心价值观的意见》，载《人民日报》2013年12月24日。

主义核心价值观应遵循以下的原则和方法。

一、学与用相结合

学与用相结合的原则和方法类似于理论与实际相结合的原则和方法，只不过学与用相结合的原则和方法更具体些，更强调个体与群体、个体与个体及群体与群体的各自特点，而理论与实际相结合从整体上更强调理论与实际的关系，强调文风和学风问题。

这里说的学既指学术研究和理论研究，也指对理论的学习。在培育和践行社会主义核心价值观和建设社会主义核心价值体系的伟大实践中，我们首先要深入学习、研究社会主义核心价值观，中共十七大报告已为社会主义核心价值体系建设绘制了宏伟蓝图，中共十八大从社会主义核心价值体系中高度凝练和集中表达了社会主义核心价值观，但在理论上还有许多问题需要深入研究，如社会主义核心价值观提出的国际国内环境、社会主义核心价值观的内容、社会主义核心价值观和核心价值的关系、社会主义核心价值观的层次结构、社会主义核心价值观的特性、社会主义核心价值观的作用、社会主义核心价值观同个体价值观和群体价值观的关系、社会主义核心价值观同社会主义公共价值的关系、社会主义核心价值观同各种社会思潮的关系、社会主义核心价值观如何及怎样引领各种社会思潮等等，都是需要我们做深入细致的研究的，并且这种研究是地道的学术研究和理论研究，其研究成果是学术成果和理论成果。

如果说，研究社会主义核心价值观是少数理论工作的事情，那么，培育和践行社会主义核心价观，则是全国人民的一件大事，即不管是党政干部，还是一般群众都要认真学习，深刻领会社会主义核心价值观的基本内容和精神实质。这种学习不仅要自学，而且要有计划有组织地集体学习，把集体学习和自学结合起来，集体学习是系统的学习，自学是把集体学习没有搞清的问题搞清楚，并提出自己的所思所想，又把这些所思所想在集体学习中提出，供大家一起讨论，并得到共同提高。集体学习离不开集体讨论，讨论是对集体学习的温习、深化和展开，也能提出一些集体学习中不曾涉及到的问题，因此，讨论是集体学习的补充、巩固、深化和提高。

通过学习，深刻领会社会主义核心价值观的基本内容、精神实质和深远意义，还必须联系实际，联系解决实际问题去学习，这样学习就不会落为俗套，不会沦为空洞，不会成为“为学习而学习”。这种带有联系实际和解决问题去学习的方法，其本身就是理论与实际的结合，学与用的统一。

另外，学与用相结合中的“用”还有特殊的涵义：用是不同于学的一个实践过程，用的过程是学的延续，也是学的目的和归宿。用中要体现学，贯彻学，丰富学，发展学，这才做到了学与用的结合。联系培育和践行社会主义核心价值观来说，用中体现学、贯彻学，首先就要用社会主义核心价值观指引我们的行为实践，成为我们行动的指南，成为我们的价值导向和价值目标，成为我们评判价值实践的标准。如果我们偏离了社会主义核心价值观的总目标，既谈不上掌握社会主义核心价值观的内容和精神实质，也谈不上践行社会主义核心价值观，更谈不上理论与实际，学与用的结合。

“用”不仅在于用社会主义核心价值观指导我们的实际工作，

还在于使社会主义核心价值观成为我们发现新问题,解决新矛盾的方法。当我们的实际工作处于停滞不前,当我们的思想犹豫和彷徨时,很有可能是工作方法不明朗,一旦用社会主义核心价值观指引和指导我们的工作时,我们的工作很有可能找到正确的途径和方法。另外,在我们的实际工作中,能发现书本、理论和学习中不曾有的问题,通过分析、研究和解决这些问题,不仅推动了工作的进行,也深化了社会主义核心价值观的理解和掌握。

二、普及与提高相结合

社会主义核心价值观是社会主义核心价值体系的内核, 是要面向全党和全国各族人民的,也就是要面向全体社会成员即人民大众的,而不是只面向社会某些成员或某部分人。因此,建设、培育和践行社会主义核心价值观首先是个普及的问题,即是全党全国各族人民要学习领会和践行社会主义核心价值观,认真学习马克思主义、中国特色社会主义理论,树立中国特色社会主义的共同理想,保持并发扬爱国主义、集体主义的优良传统,用以改革创新为核心的时代精神武装头脑,鼓舞斗志,树立社会主义道德观,树立和凝聚良好的社会风尚和精神风貌。让全体人民深刻理解社会主义核心价值观的内容、特征和作用,深刻理解和掌握富强、民主、文明、和谐、自由、平等、公正、法治的含义,并为建设富强、民主、文明、和谐,自由、平等、公正、法治的社会主义国家而贡献自己的力量。不仅要理解和掌握爱国、敬业、诚信、友善的深刻含义,更要以这些社会主义的道德规范严格要求自己,成为自己的生活习惯和行为规范。

在思想认识上,使人民牢牢掌握社会主义核心价值观的精神实质,让社会主义核心价值感观扎根在人民的灵魂深处,提高人民的理论水平、思想觉悟和政治素质。在情感上,让社会主义核心价值观成为人民心灵的安抚和心理的寄托,成为人民的精神家园和港湾。在信仰和信念上,让社会主义核心价值观成为人民信仰的对象,成为信念的重要内容,成为人民理想的向往和形上的追求。

在实践上,让社会主义核心价值观成为人民行动的思想指南和重要的方法,成为人民发现新问题、解决新矛盾的向导。这样,人民的生产和生活就自觉地履行和实践着社会主义核心价值观,同时也就在为建设社会主义核心价值体系添砖加瓦。

在全体人民中培育和践行社会主义核心价值观,实质上也就是建设社会主义核心价值体系的群众性和广泛性问题。建设社会主义核心价值体系必须面向人民群众,必须有广泛的群众参与,这是就建设社会主义核心价值体系的范围而言的,必须具有大范围性、普及性、群众性和广泛性,否则,建设社会主义核心价值体系就失去了对象和群众基础,也失去了建设社会主义核心价值体系的根本力量,当然也就无法建成社会主义核心价值体系。

培育和践行社会主义核心价值观除了其普及性、群众性和广泛性外,还有其试点性和提高性,即是说,培育和践行社会主义核心价值观在群众中普遍开展的同时,也要选择一些重点区域和重点人群进行试点和提高,可以说,这是培育和践行社会主义核心价值观的实验区。提高具有局部性、特殊性和高起点性。在这些实验区,可以提出比普通群众更高的要求和目标,可以探索新的学习方法和实践途径,可以挖掘更深层次的问题。在这些方面取得成功经验后,可以在人民群众中推广,当然这种推广是逐渐性的,即是先在小范围内推广，取得了成功后，再扩大推广的范围，最后才在全国推广。

新经验、新方法和新目标在社会的推广，必定会提高、培育和践行社会主义核心价值观的质量和效果，必定会把建设社会主义核心价值体系不断推向新水平和新阶段。因此，培育和践行社会主义核心价值观是一个普及与提高的不断发展过程，普及基础上的提高和提高指导下的普及，每一次作用和循环过程，不但提高了普及，也使提高更上新台阶，而从更迅速、更有效地培育和践行社会主义核心价值观。

三、自上而下与自下而上路径相结合

培育和践行社会主义核心价值观是全社会共同参与的长期任务，它具有高度的计划性、组织性和自觉性，因此，培育和践行社会主义核心价值观必须是一个自上而下的有组织的过程，否则将是一个无序的过程，这是无法达到培育和践行社会主义核心价值观的目的。同时，建设社会主义核心价值体系也是一个自下而上的过程，是符合人民欲求与愿望的自组织过程，否则，自上而下的过程将成为强制、被动和被迫的过程，变为走形式和走过场的空洞过程。在培育和践行社会主义核心价值观过程中，只有把自上而下和自下而上两种路径和途径结合起来，才能富有成效，也才能真正又好又快地培育和践行社会主义核心价值观，没有自下而上的自上而下是形式主义的，没有自上而下的自下而上是盲目主义的。

培育和践行社会主义核心价值观的自上而下路径是由中央统一部署，各级政府统一规划和组织，有系统地有计划地学习、领会和掌握社会主义核心价值观的内容、精神实质和作用，有系统、有计划、有步骤地实践社会主义核心价值观，有统一的目标，有统一的标准来评估建设的成效，并把培育和践行社会主义核心价值观同进一步推动中国的改革开放结合起来。

培育和践行社会主义核心价值观的自上而下路径具有指令性。由上级政府下达任务，由上级政府组织实施系统的培育和实践社会主义核心价值观，这种指令性任务带有一定的上层性和外在性，不过这种上层性和外在性是根据人民的实际情况而确定下来的，从而，这种上层性和外在性不具有强制性和被迫性，而只具有组织性、计划性和程序性。

培育和践行社会主义核心价值观的自上而下路径具有统一性。在全社会培育和践行社会主义核心价值观，必须有统一的规划、步骤和组织程序，只有这样，才能在全社会取得预期的成效。如果没有自上而下的程序，各地区各部门各行其是，步调不一致，行动不统一，这无益于社会主义核心价值体系的建设。只有统一行动，统一部署，才能形成规模效应，也才能卓有成效地培育和践行社会主义核心价值观。

培育和践行社会主义核心价值观的自上而下路径具有计划性和组织性。培育和践行社会主义核心价值观的统一性必须有计划性和组织性来保障，全社会各个领域、各个层面情况复杂异常，要在规定的时间内，行动一致地培育和践行社会主义核心价值观绝非易事，所以要有计划有组织地进行，要有专门的组织管理机构负责发起、组织、指导、管理和评估整个建设过程，并且解决建设过程出现的新的理论问题和实际问题。只有这样，培育和践行社会主义核心价值观才能全国一盘棋，上下一条心，形成巨大的合力，定能加速培育和践行社会主义核心价值观。

但我们也应注意，在培育和践行社会主义核心价值观的自上而下的路径中，一定要避免不顾客观实际情况下硬指标，搞摊派的长官意志和官僚作风，避免一刀切的教条主义和形式主义。我们强调培育和践行社会主义核心价值观过程中的组织性和统一性，但不能一刀切，不能下硬指标，我们要从实际出发，从人民群众的需要和愿望出发，从人民群众的实惠出发，根据不同的实际情况采取不同的组织形式，根据不同地区、不同群体和不同行业采取不同的形式和方法，这样会更贴近群众、贴近生活、贴近实际，效果会更好。自上而下的建设路径的这种面向基层、面向群众，从实际出发，也就是自上而下的路径一定要同自下而上的路径相结合才能取得事半功倍的效果。

自上而下的培育和践行路径是从上级部门一级一级下传和落实到基层的，而自下而上建设路径则是从基层做起，进而一级一级向上汇报、总结和评估的，自上而下和自下而上的运行路向是互逆的，但目的和结果则是一致的。如果说，对于基层来说，自上而下的建设路径是他组织的，那么，自下而上的建设路径则是自组织的，即是基层群众在实际的生产和生活中，强烈意识到树立价值观的必要，建设价值体系的必要性和可行性，从而，基层自组织地学习贯彻社会主义核心价值观，自组织地建设社会主义核心价值体系。

自下而上的培育和践行路径具有基层性，它是从社会底层出发，一级一级向上推进，它不是由上级部门下令和布置而来，而是由基层群众自动发起和组织而来。自下而上的路径也需要计划和组织，但这种计划和组织不是很严密的，具有一定的松散性，正由于它的松散性，就具有灵活性特点，可以根据变化了的情况随时修订计划，船小好掉头，随时可以在时间和重点的安排上做些修改，这样更利于本地区本部门培育和践行社会主义核心价值观。

自下而上的培育和践行路径具有特殊性，自下而上的路径是从基层出发的，而各基层的具体情况是千差万别的，人民的思想意识和认识水平是不尽相同的，人民的目的、需要和愿望也是有差异的，所面临的实际问题和要解决问题的方式方法也是不尽相同的。因此，在培育和践行社会主义核心价值观中，一定要考虑到这些实际情况的特殊性，尽量顾及和满足各群体的需要和愿望，给各群体带来一定的实惠和利益。这样，社会主义核心价值观的培育和践行才会得到人民的衷心拥护，并积极投入其中。在自下而上的建设路径中不断积累和总结经验，并推进到一定的高度，从而就能同自上而下的路径对接，进而把自上而下路径和自下而上路径有机结合起来，加快社会主义核心价值观的培育和践行。

四、尊重差异，包容多样，平等对待

培育和践行社会主义核心价值观，我们既要用社会主义核心价值观统一全国人民思想，同心同德、一心一意建设中国特色社会主义，又要尊重和包容各有差异和各具特色的思想意识及价值观，实现中华民族伟大复兴的中国梦是由无数的不同的个人梦组成的。不过，各有差异和各具特色的思想意识和价值观，在本质上要符合社会主义意识形态的要求，同社会主义核心价值观是根本一致的，无数个人的梦必须组合在统一的中国梦中。社会主义核心价值观本身具有包容性，能包容各有特色和差异的价值和价值观。

我们知道，不同的群体和个人工作在不同的部门和岗位，生活在不同的地区，形成了不同的阶层，不同阶层经济收入不同，其生存状况也不同，从而其利益追求和理想信仰也有差异，都有各自特殊的生活方式和生活态度，并形成了各自不同的利益观和价值观。这些个别和特殊的价值观是在长期的生产生活实践中积淀而来的，这些特殊的价值观是互为差异和区别的，有时还会发生冲突。培育和践行社会主义核心价值观并不是要消灭这些特殊的价值和价值观，而是要在社会主义核心价值观的指引下大力倡导这些特殊的价值和价值观。因为特殊的价值和价值观是社会主义核心价值观的不同具体表现，同社会主义核心价值观的性质是根本一致的，它们同社会主义核心价值观的关系是特殊和一般的关系，若没有社会主义核心价值观的指导和引领，各种特殊的价值和价值观就会迷失方向，就会失去得以支撑的主心骨。同样，若没有各种特殊的价值和价值观，社会主义核心价值感观就会失去基础，也将不复存在。

在社会主义核心价值观和指引下，这些个别和特殊的价值观是有其存在的合理性的，并且还要大力提倡价值观的多样性和特殊性，大力提倡价值观的个性特征和风格。另外，个别和特殊的价值观在社会主义核心价值观的支撑下才能显现出个性特点和风格。

个别和特殊价值观是个别和特殊需要和利益的表达，价值观的差异和冲突实质上是需要和利益的差异和冲突，合理的并在秩序内的差异和冲突是正常的，但一旦差异和冲突发展到对社会的正常秩序的影响和破坏时，需要用社会主义核心价值观来调解、调节个别和特殊的利益关系，化解矛盾和冲突，把差异和冲突维持在正常的社会秩序之内，体现社会主义社会的公平、正义、民主和法制。

因此,在培育和践行社会主义核心价值观的过程中,我们既要强调社会主义核心价值观的主导地位和支配作用,又要尊重、包容各自不同的价值观、生活方式和生活态度,不要把它们化简成单一的价值观、生活方式和生活态度。求同存异,在尊重差异,包容多样,平等对待的基础上,达成对社会主义核心价值观的共识,加速社会主义核心价值体系的建设,“唱响主旋律,提倡多样化”。

在处理社会主义核心价值观和个别及特殊价值观的关系上,我们不能以强调社会主义核心价值观的主导地位和支配作用的名义而打压、排挤个别和特殊价值观,把社会主义核心价值观变成均质化的、僵化死板的、空洞的和形式主义的单一的价值。我们也不能以强调价值的多样和多元而排除社会主义核心价值观的指导,动摇社会主义核心价值观的主导地位和支配作用。正确的态度是把社会主义核心价值观同个别和特殊的价值观有机结合起来,构成社会主义价值体系的大家庭、大体系,其中社会主义核心价值观处中心地位,起决定作用,个别和特殊的价值也各就其位,各司其职。这样,社会主义价值体系既有主心骨,又有丰富多彩和富有个性魅力的躯体,使社会主义价值体系既有明确的方向和意识形态特征,又富有活力和创造力,成为社会主义强大的软实力,有力地推动着社会主义现代化的发展。

五、不同价值层面的衔接与契合

社会主义核心价值观具有层次结构性,有顶层即中心层,有底层即基础层，还有中间层，那么，在培育和践行社会主义核心价值观过程，我们也要分主次、分重点地进行，不能搞绝对平均主义。

培育和践行社会主义核心价值观要高举中国特色社会主义伟大旗帜，以邓小平理论、“三个代表”重要思想、科学发展观为指导，深入学习贯彻党的十八大精神和习近平同志系列讲话精神。中国特色社会主义理论是马克思主义同中国社会主义实践，特别是同中国特色社会主义建设实践相结合的产物，是中国特色、中国气派的马克思主义。当然培育和践行社会主义核心价值观要以马克思主义为指导，因此，马克思主义是社会主义核心价值观中的核心价值观。社会主义核心价值观是社会主义意识形态的本质体现，而马克思主义指导则是社会主义意识形态最本质的体现，社会主义意识形态同以往社会意识形态及资本主义意识形态的本质区别就是马克思主义指导，同时，马克思主义指导是社会主义本质的首要规定，取消了马克思主义指导也就取消了社会主义，怀疑马克思主义指导，使马克思主义边缘化以及企图搞指导思想的多元化，都是对马克思主义的背叛，也是对社会主义核心价值观的歪曲。

因此，培育和践行社会主义核心价值观首要的就是对全党全国各族人民进行马克思主义宣传教育。进行马克思主义宣传教育，首先要认真学习马克思主义，把马克思主义当作科学知识，当作正确的世界观和方法论进行学习，弄懂弄通马克思主义的精神实质，弄懂弄通学习马克思主义的意义，提高全党全国各族人民的理论水平和分析问题解决问题的能力。其次，要把马克思主义当作自己的信念和信仰，当作自己的精神支柱和思想追求。又在知识和认知上掌握马克思主义，把马克思主义当作信念和信仰，由知道、认知到信念和信仰的转化，这是在学习马克思主义过程中的质的飞跃。培育和践行社会主义核心价值观,马克思主义指导不只是停留在知识和认知的层面,而必须要上升到信念和信仰层面,把知识转化为思想觉悟和思想境界,把知识转化为价值追求和可以寄托一生的信念信仰,这才是马克思主义指导的真谛和精髓。在这方面,我们有大量的工作要做,任务是繁重而艰巨的,但只要我们有信心,勤奋工作,锐意改革和创新,是能做到这一点的。

需要注意的是,马克思主义作为信念和信仰主要是政治上的最高信念和信仰,它同民间信仰并不矛盾,民间信仰可以作为政治信仰的基础并可以充实政治信仰。我们知道,在全国各地和各族人民特别是少数民族地区,都有各自的民族风情和民间信仰,把生活环境中的某一自然物如山林、湖泽或生活物品等当作信仰和崇拜的对象,认为这些生灵和物件能保佑他们的生产和生活,能五谷丰登,延年益寿,无灾无难,平平安安。这种民间信仰是具体的、实用性的信仰,马克思主义信仰是高于其上的政治信仰,两者并不矛盾,是可以相容统一的,并且我们要借助这种民间信仰的力量来宣传马克思主义,确立马克思主义最高信仰地位。

再次,确立马克思主义指导地位的目的在于把马克思主义当作我们行动的指南,作为最高信仰的马克思主义当然不可能提出具体问题并对具体问题作出回答,它只是从世界观和方法论的高度指引我们行为的方向和社会前进的道路。因此,我们只有运用马克思主义的基本原则和方法去发现问题、分析问题和解决问题,这才是马克思主义作为行动指南的真正内涵。

社会主义核心价值观中的国家层面的价值目标和社会层面的价值取向,既是中国梦的价值追求和价值向往,又是国家繁荣昌盛,社会公平正义,人民安居乐业的现实写照,这就是说国家层面的价值目标和社会层面的价值取向既是理想的,又是现实的,既是社会的,又是个人的,一端联系着理想和梦想,一端联系社会的现实福祉和人民的安康。因此,我们一定要清楚这两大层面价值观的特点和功能,采取与之相适应的原则和方法来培育和践行社会主义核心价值观。

社会主义核心价值观众的公民个人层面的价值准则,它更注重个人的道德修行和行为规范,不但具有社会性,而且更具有个体性,国家的昌盛、社会的文明总是同个人的道德行为紧密联系在一起的。因此,培育和践行社会主义核心价值观必须倡导个人的道德操守和文明规范。

社会主义荣辱观是公民个人价值准则的具体展开,社会主义荣辱观既是社会主义道德的概括,也是对我们最基本的道德要求,履行了社会主义荣辱观既是一个受人尊敬的人和高尚的人,也是社会主义公民应该做的和能够做到做好的。社会主义荣辱观既有社会主义的性质,也有一般的性质,它的社会主义性质主要是在马克思主义指导下的道德观,同时,社会主义荣辱观具有最一般道德规范和行为规范的性质。

树立社会主义荣辱观是培育和践行社会主义核心价值观的基础性工作,也是其重要的任务。中国社会正处于转型期,有些传统道德规范已失去其原有的功效,而新道德规范还未产生,即使产生仍不完善,满足不了社会的发展需要。可以说,当今社会是处在一个传统道德的滑坡和新道德的难产这样一个新旧交替和新旧嫁接时期。在这样的社会背景下,树立社会主义荣辱观,对培育和践行社会主义核心价值观尤显重要。社会主义荣辱观既有传统元素,又有新内容,恰好能成为当代中国人的道德准则和行为规范。树立社会主义荣辱观关键在于在良心、良知、情操和境界上感悟、体认和践行“八荣八耻”,做一个讲道德、懂文明、有境界、有操守的人，做一个忠诚践行社会主义荣辱观的人，做一个高尚的人，做一个有益于社会、有益于他人和有益于自己的人。

培育和践行社会主义核心价值观还要求人民群众树立中国特色社会主义共同理想，这共同理想是人民群众的需要和利益的表达，指明了社会主义前进的方向。这共同理想是对个人理想的整合，是个人理想的共性所在。因此，树立中国特色社会主义共同理想既是社会理想所在，也是个人理想所在，只有把社会共同理想和个人特殊理想结合在一起，共同理想才可能实现，个人理想也才可能实现。树立中国特色社会主义共同理想关键在于把这理想变为现实，只要我们坚定不移地走中国特色社会主义道路，深化改革，不断创新，辛勤工作，定能实现中国特色社会主义共同理想的。

培育和践行社会主义核心价值观还要求我们用民族精神和时代精神鼓舞人民的斗志，树立良好的社会风尚，营造创新的时代氛围，凝聚民心，使全国各族人民拧成一股绳，想往一处想，力往一处使，一心一意地投入到社会主义现代化建设，投入到社会主义核心价值体系的建设中。

培育和践行社会主义核心价值观还要求人民群众树立公平正义观、创新观、和谐观以及共同富裕观。不但要求人民群众通晓这些核心价值观，而且要求落实在行动上，为建设社会主义的公正、创新、和谐和共同富裕的社会而作出成绩。

社会主义核心价值观的层次结构性，就要求我们在培育和践行社会主义核心价值观中也要作层次结构的区分，巩固马克思主义的指导地位，加强社会主义意识形态建设，增强社会主义意识形态的吸引力和凝聚力，这是培育和践行社会主义核心价值观的重中之重，其次是树立中国特色社会主义共同理想和用民族精神、时代精神鼓舞人民的斗志,再次是树立社会主义的荣辱观、公正观、法治观、和谐观以及共同富裕观。社会主义核心价值观在社会主义价值体系中处于核心和中心地位,即处于主导地位和起支配作用,但在核心价值观内部,也存在着不同的层面,我们不但要把不同的价值层面作相应的区分,而且更要把不同的价值层面联系起来作为核心价值观的整体, 在培育和践行社会主义核心价值观中,分别对待和各有侧重,只有这样才能真正有效地培育和践行社会主义核心价值观,推动中国特色社会主义建设进入新阶段。

六、说理和感化相结合

培育和践行社会主义核心价值观的一个重要任务就是用社会主义核心价值观引领社会思潮。在社会主义社会内部,价值和价值观是多样的和多元的,并且彼此是有差别的,甚至相互矛盾和冲突的。在社会主义社会内部,甚至存在着各种不同的价值体系和社会思潮。社会主义核心价值观只是其中处于主导地位和起支配作用的价值体系。其他许多价值、价值观和价值体系,有的接近社会主义核心价值观,同社会主义核心价值体系有相近和相似之处,但也有的同社会主义核心价值观相矛盾和冲突,甚至破坏和危害着社会主义核心价值体系。因此,培育和践行社会主义核心价值观一定要引领价值和价值观,引领社会价值体系,引领社会思潮。

对于同社会主义核心价值观相近相似的价值体系和社会思潮,我们要提高其水准,提高其质量,不断增加社会主义内容,使之更加纯洁,使之更接近社会主义核心价值观,以便使之归入到社会主义核心价值体系中,使之成为社会主义核心价值体系的新成员,不断壮大社会主义核心价值体系的阵营。

对于同社会主义核心价值观相矛盾相冲突的价值体系和社会思潮,我们也不能全盘否定,一方面我们要采取批判的态度,指出它的错误所在,指出它对社会的危害性和对人的消极影响。另一方面,我们要做转化工作,化消极因素为积极因素,为社会主义核心价值体系添砖增瓦。我们知道,任何一种社会思潮能在社会上流行,能迎合社会和一定人群的需要和口味,肯定有它的积极和合理因素,当然,如果是错误思潮,它的消极因素肯定大于积极因素,即使在这样的情况下,我们也要利用、吸收其合理因素,批判其错误和消极因素,并尽量做其转化工作,使之增加其积极和合理因素,减少其错误和消极因素,并把积极和合理因素吸收到社会主义核心价值体系中来。

用社会主义核心价值观抵制错误和消极的社会思潮, 吸收其积极和合理因素,团结、吸纳与社会主义核心价值观相近相似的社会思潮,这是社会主义核心价值观引领社会思潮的具体途径和表现,其结果就是壮大了社会主义核心价值体系,增强了其凝聚力和吸引力,能更充分发挥社会主义核心价值观的作用。

用社会主义核心价值观引领社会思潮要注意三点:一是要不断增强社会主义核心价值观的凝聚力和吸引力。要做到这一点,就要不断提高社会主义核心价值感观的魅力, 加强理论研究,增强实践效能,完善其内部结构,不断壮大其规模和力量,用社会主义核心价值观的魅力和品格去凝聚人、感召人和感化人。这样,社会主义核心价值观就更有能力,有条件引领社会思潮。二是要以理服人。用社会主义核心价值观引领社会思潮时,不是野蛮地清理门户，对社会思潮通通说不，并扫地出门甚至消灭，而是采取说理的方式，以理服人。要分析社会思潮产生的历史根源和社会背景，指出其积极因素和消极因素，并充分肯定其积极因素，批判其消极因素，并对其积极因素充分地吸收，尽量化消极因素为积极因素。另外，要从正面阐述社会主义核心价值观的内容、性质和作用。用以理服人的方式来引领社会思潮，其效果肯定会是理想的。三是要以情动人。用社会主义核心价值观引领社会思潮时，不仅要以理服人，晓之以理，还要以情动人，动之以情。人都是有感情，而感情又都能感化和感染的，任何社会思潮都是人创立、传播，又都是为了人的思想意识的，人总是参与在社会思潮的始终。以感化的方式引领社会思潮会起到以理服人的方式不同的效果，它增加了人情味和感情色彩，从而能加速对社会思潮的引领，增加引领的效果。

以上论述的培育和践行社会主义核心价值观应遵循的六条原则也就是六种方法，原则是总体的方式方法。六条原则或六种方法是紧密联系在一起，是相互依赖，相互渗透和相互交叉的。我们只有从整体上把握这六条原则，才能从根本上弄清培育和践行社会主义核心价值观的方法论问题，也才能更有效地培育和践行社会主义核心价值观。

主要参考文献

著作：

1.《马克思恩格斯选集》1-4卷，人民出版社1995年版。

2.《毛泽东选集》第1卷，人民出版社1991年版。

3.《邓小平文选》第3卷，人民出版社1993年版。

5.江泽民：《论科学技术》，中央文献出版社2001年版。

6.《中共中央关于构建社会主义和谐社会的若干重大问题的决定》，人民出版社2006年版。

7.胡锦涛：《高举中国特色社会主义伟大旗帜为夺取全面建设小康社会新胜利而奋斗——在中国共产党第十七次全国代表大会上的报告》，人民出版社2007年版。

8. 胡锦涛：《坚定不移沿着中国特色社会主义道路前进　为全面建成小康社会而奋斗——在中国共产党第十八次全国代表大会上的报告》，人民出版社2012年版，第26页。

9.中共中央办公厅印发《关于培育和践行社会主义核心价值观的意见》，《人民日报》2013年12月24日。

10.吕振宇、李　明主编：《论社会主义核心价值体系》，山东人民出版社2009年版。

11.韩震主编：《社会主义核心价值体系研究》，人民出版社2007

年版页。

12.红旗大参考编写组:《建设社会主义核心价值体系大参考》,红旗出版社 2007 年版。

13.苏宏章:《利益论》,辽宁大学出版社 1991 年版。

14.潘自勉:《论价值规范》,中国社会科学出版社 2006 年版。

15.潭培文:《马克思主义的利益理论》,人民出版社 2002 年版。

16.黄凯锋、唐志龙:《建设社会主义核心价值体系》,上海人民出版社 2007 年版。

17.李德顺:《价值论》,中国人民大学出版社 1987 年版。

18.马俊峰:《评价活动论》,中国人民大学出版社 1994 年版。

19.陈新汉主编:《社会主义核心价值体系价值论研究》,上海人民出版社 2008 年版。

20.[美]约翰·罗尔斯:《正义论》,何怀宏、何包钢、廖申白译,中国社会科学出版社 1988 年版。

21.[英]理查德·刘易斯:《文化的冲突与共融》,关世杰主译,新华出版社 2002 年版。

22.[美]米德:《心灵、自我与社会》,赵月瑟译,上海译文出版社 1992 年版。

23.[美]伊恩·罗伯逊:《社会学》上册,黄育馥译,商务印书馆 1990 年版。

24.[美]亨廷顿:《文明的冲突与世界秩序的重建》,周琪等译,新华出版社 1998 年版。

25.[德]哈贝马斯:《交往与社会进化》,张博树译,重庆出版社 1989 年版。

26.[法]孔德:《论实证精神》,黄建华译,商务印书馆 1996 年版。

27.[英]吉登斯:《社会学》,赵旭东等译,北京大学出版社2003

年版。

论文：

1.胡敏中:《价值规范与价值共识》,《哲学动态》2007 年第 5期。

2.汪辉勇:《公共价值含义》,《广东社会科学》2008 年第 5期。

3. 胡敏中:《论公共价值》,《北京师范大学学报》(社会科学版)2008 年第 1 期。

4.胡敏中:《论价值共识》,《哲学研究》2008 年第 7 期。

5.马俊峰:《重视规范价值的研究》,《哲学动态》2007 年第 1期。

6. 江畅:《论价值追求的多元化与行为规范的一元化》,《哲学动态》2007 年第 1 期。

7. 李德顺:《普遍价值及其客观基础》,《中国社会科学》1998 年第 6 期。

8.袁祖社:《"公共性"的价值信念及其文化理想》,《中国人民大学学报》2007 年第 1 期。

9. 吴向东:《价值观的核心问题及其解答的前提批判》,《马克思主义与现实》2010 年第 1 期。

10.兰久富:《倡导社会主义核心价值观的理论前提》,《哲学研究》,2014 年第 8 期。

11. 兰久富:《重新厘定价值哲学的研究对象——兼论价值关系说是一种狭义价值论》,《北京师范大学学报》(社会科学版)2013 年第 6 期。

12.张曙光:《价值与价值观——关于当前中国文明与秩序重建的思考》,《人民论坛.学术前沿》2014 年第 23 期。

13.杨耕:《价值、价值观、核心价值观》,《北京师范大学学报》(社会科学版)2015 年第 1 期。

后 记

本书是我主持的国家社会科学基金项目“公共价值、核心价值与社会主义核心价值体系建设研究”(批准号:08BZX014) 的最终成果,经过三年(2008-2011 年)的研究,课题顺利结项,课题的研究以公共价值和核心价值为基础,以社会主义核心价值体系建设为中心,因此,社会主义核心价值体系成为成果的关键词。党的十八大报告和中共中央办公厅印发的《关于培育和践行社会主义核心价值观的意见》,从社会主义核心价值体系中高度凝练和集中表达了社会主义核心价值观,社会主义核心价值观是社会主义核心价值体系的内核。

2014 年,以社会主义核心价值观为中心词,对研究成果进行了全面的梳理,主要解决社会主义核心价值体系和核心价值观概念在行文中的衔接问题,但总觉得衔接得不太自然和流畅,尤其是在价值、公共价值、核心价值、社会主义核心价值体系、社会主义核心价值和社会主义核心价值观等问题的展开上,逻辑性不够强。

2015 年 3 月,我又重新梳理了研究成果,标题改为“价值、公共价值与核心价值——社会主义核心价值观视点”,这更突出了社会主义核心价值观的理论视点,把原来的社会主义核心价值和社会主义核心价值观两章合并为社会主义核心价值观一章，社会主义核心价值和社会主义核心价值观是其两节，仍保留了社会主义核心价值体系一章，因为从我党提出社会主义核心价值体系和核心价值观的历史看，先提出社会主义核心价值体系，然后从中提炼出社会主义核心价值观。从理论看，社会主义核心价值观是核心价值体系的内核。所以，不但保留了社会主义核心价值体系一章，而且置于社会主义核心价值观一章的前面，这样，无论其理论性还是其逻辑性就更好一些。为了美观、大方和精练，最终书名定为“价值·公共价值·核心价值——社会主义核心价值观视点”。

本成果在修改和出版过程中获得北京市社会科学基金研究基地项目“国家治理与社会认同——社会转型期价值共识的方法论研究”(批准号为 14JDKDB011)的资助，在此一并致谢！

胡敏中

2011 年 12 月完稿

2014 年 9 月初步修改

2015 年 3 月再次修改

2016 年 1 月定稿